일상의 빈틈을 채워주는 세상의 모든 지식

팀 교양만두 지음

교양이
쌓일 만두
하지?

다산북스

들어가는 말

유튜브를 갓 시작했던 꼬마 만두 시절
책은커녕 구독자 100명도 감지덕지였는데요.

이 미친 레드오션에서
우리가 살아남을 수 있을까...

친구, 가족, 사돈의 팔촌까지
구독 누르라고 카톡 돌려!

여기까지 올 수 있도록
사랑과 응원을 보내주셔서
정말 감사합니다.

저희가 교양만두 채널을 만들게 된 이유는 사실 단순합니다.

다만 치명적인 문제가 있었으니...

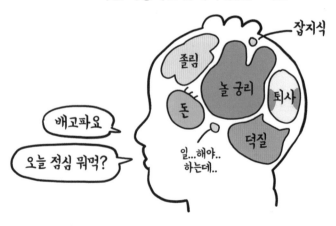

바로 저희의 두뇌였죠.

(유식한 척하고 싶은 비전문가의 지식 수준.jpg)

채널의 콘셉트를 바꾸지 않을 거라면
결론은 하나였습니다.

"내가 궁금한 건, 다른 사람도 궁금할 것이다."
라는 생각으로 열심히 공부하면서 영상을 만들었는데

채널을 만들고 운영하면서 저희가 얻은 가장 큰 수확이 있다면

...가 아니라
"모든 지식은 연결돼 있다"라는 사실입니다.

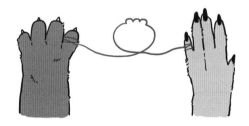

가령 "집값은 왜 이렇게 비싼 거야?"라는
단순한 궁금증에서 시작해 공부를 하다보면

이게 결코 쉽게 답이 나오는 간단한 문제가
아님을 알 수 있습니다.

저희 교양만두는 이 수많은 지식들을 총망라한
멋진 지식 대백과의 역할을...

사실 저희의 목표는 아주 소박합니다.

세상을 향한 여러 궁금증에 작은 물꼬를 트는 건데요.

콘텐츠를 기획할 때, 정사뿐만 아니라
야사나 썰을 함께 소개하는 이유도 비슷합니다.

내용의 참 거짓을 떠나서 어떤 사안에
야사가 존재한다는 사실을 아는 것 자체가 교양이며,

성군 만두 (in 정사)   망나니 만두 (in 야사)

그 야사가
우리의 호기심을
자극하는

하나의 물꼬가
될 수 있다고
생각하기 때문이죠.

그렇게 여러분이 또 다른 지적 영역으로
부담 없이 넘어가는 과정을 함께할 수 있다면

저희가 모은 이 얄팍한 지식의 소임은
끝났다고 생각합니다.

이 책의 마지막 페이지를 넘길 때,

...는 생각이 드시길 바라며

팀 교양만두 소개

만두

궁금한 건 꼭 물어봐야 하는 물음표 살인마. 기본적으로 한량이지만, 드라마와 케이팝 등 관심 있는 대상에는 열정적인 오타쿠 기질을 타고났다. 기억력이 굉장히 좋고 의외의 분야에서 뛰어난 통찰을 보여줄 때도 있다. 팀장인 요요가 자신을 놀리는 걸 알면서도 봐주는 건 과연 만두가 착해서일까, 귀차니스트여서일까?

요요

팀장. 약간 잘난척쟁이이자 확신의 '재미주의자'. 모르는 것이 없는 것 같지만 의외로 덤벙대는 구석이 있다. 얘기를 듣다 보면, 이것까지 굳이 알아야 하나 싶은 TMI(Too Much Information)나 과장된 정보도 있지만, 그 점이 만두의 호기심을 자극하는지 대화를 한번 시작하면 이야기가 꼬리의 꼬리를 물고 이어진다.

아리

다정다감하면서도 굉장히 상식적이고 계획적인 성격으로 각자 개성을 뽐내는 팀원들 사이를 잘 조율하는 훌륭한 조정자. 종종 '발작 버튼'이 눌려 불같이 화를 낼 때도 있다. TMI와 실없는 드립을 싫어하(는 듯 좋아하)며, 요요 킬러로서 날카로운 질문을 던져 당황시키는 게 취미.

짠미

과묵해서 있는지 없는지 모를 때가 많지만, 예술과 서양 문화사 분야엔 굉장히 조예가 깊다. 자신은 실없는 소리를 절대 하지 않지만, 팀원들의 실없는 수다를 듣는 건 은근 좋아하는 듯. 진중하며 화도 잘내지 않는 골든 리트리버 같은 성격으로, MBTI는 INFP.

위니

분홍색과 고양이를 굉장히 좋아해서 분홍색 고양이 캐릭터가 되었다. 말보다는 행동으로 보여주는 편으로 팀 내에서 존재감이 확실하다. 이번 책 『교양이 쌓일 만두 하지?』에서는 '교양을 더 쌓을 고양' 코너를 맡아, 본문에서 미처 다루지 못한 심도 있는 교양 지식을 소개한다.

차례

 1부 **무심코 떠오른 질문에서 펼쳐지는 시대의 풍경**

2부 앓고 나면 달라 보이는
유명인의 흑역사

3부 정말 이랬어? 두 눈을 의심하게 하는 황당한 문화사

4부 익숙한 물건과 공간에 담긴 뜻밖의 잃상사

1부

무심코 떠오른
짚문에서 펼쳐지는
시대의 풍경

1

공주님은 결혼하면
어떻게 살았을까?

왕실듀스 101?! 동화책 밖 리얼한 조선 공주의 결혼 생활

만두

궁금한 게 있는데요. 공주들의 실제 결혼 생활은 어땠을까요? 드라마나 동화책을 보면 잘생긴 주인공이랑 잘되고 해피엔딩으로 끝나잖아요. 그 이후에도 계속 행복했을까요?

요요

갑자기 웬 공주 타령? 어차피 너랑은 거리가 엄~청 먼 얘기 아니니?

만두

주말에 사극 드라마 좀 봤어요. 잔소리하지 말고, 그냥 묻는 말에 답이나 해줘요.

요요

그, 그래…. 먼저 『조선왕조실록』을 보면, 현실에서 연애결혼은 꿈도 못 꿨단 걸 알 수 있지. 조선 왕실은 왕이나 왕자, 공주 대부분이 간택제도를 통해 결혼을 했거든. 이걸 맨 처음 만든 게 바로 3대 임금 킬방원… 아니, 태종 이방원이야.

만두

역시 드라마는 드라마일 뿐인가…. 그나저나 태종은 아내와 자식이 엄청 많았던 분 아닌가요?

요요

맞아. 조선 왕 중에서도 가장 많은 자식을 뒀지. 부인만 아홉에 아들이 열둘, 딸은 열일곱 명이었다고 해. 사실 그전까지만 해도 왕족들도 일반 백성처럼 중매결혼을 주로 했는데, 태종의 여섯 번째 딸 정신옹주가 결혼할 때쯤, 엄청난 사건이 벌어졌어.

만두

정신옹주… 잠깐만요. 왕의 딸은 다 공주 아니에요? 왜 옹주라고 하는 거죠?

아리

그건 내가 알아! 요즘 역사 로맨스 소설을 좀 봤거든. 공주라도 호칭이 다 다른데, 왕의 정실이 낳은 딸은 공주, 후궁이 낳은 딸은 옹주, 세자의 딸은 각각 군주나 현주라고 불러. 원래 조선 초기에는 대군의 부인이나 왕의 후궁, 서녀, 종친의 딸 등을 두루 옹주라 불렀는데, 세종·문종 이후 제도가 정비된 뒤부터는 왕실의 딸만을 부르는 호칭이 됐지.

요요

아주 정확해. 다시 간택제도 얘기로 돌아가면, 태종은 자기 딸을 결혼시키기 위해 당시 춘천부사 이속에게 중매쟁이를 보냈어. 근데 이 사람의 반응이 문제였지. 왕이 결혼하자는데 정색하면서 이렇게 말한 거야. "내 아들은 이미 죽었는데? 뭐, 상대가 정혜옹주라면 다시 살아날지도 모르지만."

만두

엥? 왕이 사돈을 맺자고 하는데 반응이 그래요? 아들이 죽었는데 다시 살아난다는 말은 뭐고, 정혜옹주는 또 누구인가요?

요요

정신옹주의 어머니는 원래 왕비의 몸종이었다가 후궁이 됐거든. 반면, 정혜옹주의 어머니는 사대부가 출신으로 가문이 좋았지. 결국 이속의 말뜻은 이거였어.
"아무리 왕의 딸이라지만, 몸종 출신 엄마를 둔 옹주한
테는 내 귀한 아들 장가보내기 싫거든?"

와우, 아무리 어머니 신분이 안 좋다지만… 왕, 그것도
태종의 딸인데, 그런 말을 했다고요? 그러고도 멀쩡했
어요?

당연히 가만히 놔둘 리 없지. 태종은 단단히 화가 나서
자신을 능멸한 죄로 이속에게 곤장 100대를 때리고,
전 재산을 몰수하고, 신분도 노비로 강등시켜 버렸어.
그것도 모자라서 그 자식까지 평생 '모솔' 노총각으로
살도록 금혼령을 때렸지.

역시 태종이네요. 그나마 봐줘서 살려준 건가? 물론 자
식까지 노총각으로 살게 했다는 건 좀 너무한 일 같긴
한데…. 아, 찾아보니까 이속의 아들에 대한 금혼령은
나중에 풀어줬다고 하네요!

아무래도 좀 과하다고 생각했겠지? 이 사건은 왕실의
결혼제도를 정비하는 전환점이 됐어. 이후로 등장한

게 바로 간택제도거든. 이 제도를 간단히 말하자면 '왕실듀스101' 같은 거라고 할까.

만두

이거, 유교의 나라가 아니라 오디션의 나라였구만?

요요

결혼할 나이가 된 왕자나 공주의 간택 준비가 시작되면, 일단 후보자가 될 만한 전국 또래 아이들의 혼인을

인생은 타이밍, 윤향의 탁월한 선택!

이속에게 상처받은 태종의 마음을 위로해 준 건 윤향과 그의 아들 윤계동이었습니다. 당시 윤향은 큰 말실수로 귀양을 가 있었는데요. '이속 사태' 이후, 누구보다 빨리 아들의 사주단자를 태종에게 보냈습니다. 명문가에다가 높은 벼슬을 역임했던 윤향의 제안에 마음이 풀린 태종은 유배도 풀어주고, 혼례를 치른 후에는 형조판서까지 제수했습니다. 귀양살이를 하다 순식간에 인생역전을 한 셈이지요.

막는 금혼령부터 떨어지지. 그리고 간택에 지원하려는
사람들은 각자 자기소개서를 내야 했어.

만두

취업하는 것처럼 자소서를 냈군요! 거기엔 대체 뭘 적
는 거예요? 지원하게 된 동기, 성격의 장단점, 결혼 후
포부 이런 걸 적었나요?

요요

이름하고 나이, 생년월일, 본관, 아빠랑 할아버지, 증
조할아버지, 외할아버지 등등의 이름을 적은 서류를
제출했어. 사주단자 뭐 그런 거지. 이때 동성동본이거
나 질병이 있거나, 부모나 조상 중에 문제가 있거나,
뭐 이런 결격 사유가 나오면 탈락이었어. 그렇게 서류
에 통과하면, 왕실 식구들 앞에서 면접을 봤어. 최대
세 번까지 면접을 봐서 '삼간택'이라고 하는데, 상황
이나 중요도에 따라 간단히 초간과 재간으로 끝나기
도 했어.

만두

왕실에서 후보를 찾아다닌 게 아니라, 모집하는 방식
으로 바뀐 거면 경쟁이 엄청 치열했겠는데요?

그랬을 거 같지? 의외로 아니었어. 예를 들면, 지금 나 같은 사람이 솔로라고 하면 경쟁이 엄청 치열할 거 같지만, 다들 기준이 높다고 생각해서 의외로 먼저 접근하는 사람이 별로 없는 것처럼 말야.

팀장님은 그냥 인기가 없는 거 아니에요?

아.무.튼. 왕도 왠지 명망 있는 가문을 선호할 것 같고 사대부들도 왕의 사돈이 되는 걸 다들 바랄 것 같은데, 현실은 좀 달랐어. 다른 사대부들 눈치도 봐야 했고, 왕실에서도 무조건 명망가만 선호하진 않았지. 거기서 왕의 사위까지 나오게 되면 사돈댁의 권력이 지나치게

1부. 무심코 떠오른 질문에서 펼쳐지는 시대의 풍경

강해질 수 있었으니까.

아리
그리고 보니 태종이 죽인 사람 중에 자기 사돈도 있지 않았어요?

요요
맞아. 태종은 외척이 왕권에 도전하는 꼴을 그냥 둘 수 없었어. 결국 1419년 상왕으로 물러나 있는 상태였는데도 사돈인 심온을 제거하기로 결심하지. 심온은 건국공신이자 경복궁과 종묘 건립을 지휘했던 심덕부의 아들로, 집안이 정계는 물론 군부에까지 큰 영향력을 갖고 있었거든. 결국 대역죄를 뒤집어 씌워 제거해 버렸어.

만두
왕의 사돈이 됐다고 마냥 좋아할 일은 아니네요. 권력과 명예를 얻는 대신 언제 깨질지 모르는 살얼음판을 걸어야 했으니까요.

요요
장인뿐 아니라 공주의 남편, 즉 부마에게도 여러 제약이 있었어. 일단 부마는 본인이 아무리 능력이 뛰어나도 과거를 보고 관직에 나갈 수 없었지. 출세해서 세상에 이름을 떨치는 데 목숨을 걸었던 당시 사대부로

왕의 사위를 왜 부마라고 부를까?

왕실의 사위를 가리키는 부마라는 말은 부마도위(駙馬都尉)라는 관직에서 유래했습니다. 왕이 궁궐 밖으로 행차할 땐 혹시 모를 암살 위험을 방지하기 위해 운행하는 예비마차를 관리하고, 탑승하는 직책이었죠. 이는 왕의 생명과 관계된 중요한 기밀이었기 때문에, 중국 서진의 세조 때부터 왕실 가족인 사위를 임명하는 전통이 시작됐습니다.

서는 엄청난 제약이었어. 사실 더 큰 단점은 따로 있었는데, 바로 공주가 먼저 죽더라도 재혼할 수 없다는 거였지.

만두

사별이 그렇게 흔한 것도 아니고, 재혼할 수 없는 게 그렇게 큰 단점이 되나요? 물론 외롭고 쓸쓸하긴 하겠지만….

일단 과거엔 수명이 짧기도 했고, 유교 사회에서 가장 중요한 게 집안의 대를 잇고 제사 지내는 일이잖아. 따라서 재혼 금지는 꽤 치명적인 단점이었지. 실제로 효종의 부마 정재륜은 숙정공주와 결혼했는데, 숙정공주뿐 아니라 둘 사이에서 낳은 아들도 일찍 세상을 떠나고 말았어. 그는 대를 잇기 위해 재혼을 허락해 달라고 요청했지만 받아들여지지 않았지.

그 대신 종손을 양자로 들일 수 있도록 허가해 줬다는 기록이 있네요! 들을수록 왕실과의 결혼은 별로인 거 같은데, 좋은 점은 없나요?

요요

좋은 점도 당연히 많았지. 먼저 부마는 결혼과 동시에 종1품으로 신분이 급상승됐고 월급까지 나와서 평생 일을 안 해도 놀고먹을 수 있었으니까. 가문의 '클래스'도 급상승하고 왕족 자손이라는 '빽'도 생기잖아? 나랏일에 별 뜻 없고 집안의 대를 이을 필요도 없는 남자라면, 지원할 마음이 들지 않았을까?

만두

질문 있어요! 혹시 공주도 결혼한 뒤에 시집살이에 시달렸나요? 조선시대는 시집살이가 혹독하기로 악명이 높잖아요. 시부모님이랑 함께 살면 공주도 결국 평범한 며느리처럼 되어버렸을 것 같은데요.

요요

우리가 알고 있는 시집살이라는 개념은 조선 후기에 생겼어. 뭐 그걸 감안하더라도 공주는 원래 태어날 때부터 '최상위 티어'잖아? 당연히 남편은 물론이고 시부모도 며느리에게 함부로 말하고 행동할 수 없었고, 심지어 공주는 시부모에게 따로 절을 안 해도 됐어. 일반적으로 출가한 공주 부부는 시종을 포함해서 각종 신혼살림까지 보장되는 신혼집에 따로 분가해서 살았기 때문에 시집살이 비슷한 걸 경험할 틈도 없었지.

다행이다. 동화가 끝나도 공주님들의 해피엔딩은 이어
졌군요!

물론 행복한 일만 펼쳐진 건 아니었어. 예나 지금이나
배우자를 잘 골라야 하는데, 간이 배 밖으로 나왔는지
공주를 놔두고 바람피우다 걸린 부마도 있었거든.

어떤 사람이 공주를 놔두고 바람을 피워요? 왕이 가만
히 있지 않았을 것 같은데요?

바로 중종의 딸 효정옹주와 혼인한 조의정이야. 사실
효정옹주는 조선 왕 중에서도 손꼽히는 '딸 바보' 중종

공주는 보통 열한 살에서 열세 살 정도에 결혼했습니다.
남편도 동갑이거나 한두 살 많은 정도였죠.

그러다가 열다섯 살쯤이 되면 땋았던 머리를 풀고
비녀를 꽂는 성인식을 치른 후 궁을 나갔는데요.

1부. 무심코 떠오른 질문에서 펼쳐지는 시대의 풍경

그렇게 금지옥엽 귀한 공주님의
혹독한 시집살이가 시작되었습니다…

는 뻥이고요. 공주 부부는 시종을 포함해
각종 신혼살림을 갖춘 신혼집에 분가해서 살았습니다.

의 사랑을 받는 딸이었지. 그런데 사위가 바람피운다는 소식이 들렸으니, 아빠 마음이 어땠겠어? 그런데도 조의정은 간이 배 밖으로 나왔는지, 왕의 경고도 몇 번이나 무시했어. 효정옹주가 성품이 좋은 덕에 잘 말해줘서 그렇지, 안 그럼 진작 혼쭐이 났을 거야. 이후 효정옹주가 출산 중에 죽게 되자, 딸 바보 아빠의 참았던 분노가 대폭발했어. 바로 유배를 보내버렸지.

만두

어휴, 적당히 좀 하지. 그래도 이런 막장 드라마 같은 일이 흔하진 않았겠죠?

요요

그렇긴 해. 사실 공주의 신혼집은 대체로 한양 내에 있어서, 남편이 사고를 치면 언제든지 친정에 일러바칠 수 있었거든. 물론 공주들도 기본적으론 '유교걸'이었기 때문에 막무가내로 굴지는 않았지만. 조선 후기 살벌했던 시집살이도 피할 수 있었고, 따로 밥걱정을 안 해도 됐고, 나중에 나이를 먹어서는 왕실 어른으로 대접까지 받았으니, 그야말로 금수저 로열패밀리의 삶을 살았던 거지.

만두

역시 한번 공주는 영원한 공주인 건가. 아, 지금까지 그럼 난 누구를 걱정하고 있었던 거지? 갑자기 현실이 슬퍼지네.

요요

자, 우리는 금수저가 아니니까 그만 동화책은 덮고, 일이나 하러 가자….

교양을 더 쌓을 고양!

유교 질서가 강화되면서
나타난 시집살이

"형님, 형님, 사촌 형님. 시집살이 어떱데까?

이애, 이애, 그 말 마라. 시집살이 개집살이…"

조선 후기의 민요 「시집살이 노래」에는 며느리들의 애환이 담겨 있습니다. 이와 같은 혹독한 시집살이가 일반화된 것은 조선 후기의 일인데요. 사실 삼국시대부터 조선 초기까지는 상대적으로 여성의 지위가 높았습니다. 부모의 재산을 상속받을 때에도 성별과 관계없이 똑같이 상속받았으며, 재혼도 얼마든지 할 수 있었죠. 게다가 우리 민족에게는 고구려의 '서옥제'나 고려의 '서류부가혼'처럼 신랑이 신부 집에서 사는 처가살이 풍습이 오래 이어지고 있었죠. '장가들다'라는 말도 여기서 유래했다는 말도 있습니다. 신사임당(1504~1551년)과 이원수 부부와 그 아들인 율곡 이이(1536~1584년) 역시, 신사임당의 친정인 강릉에서 생활했죠.

이런 경향은 조선 후기 성리학 질서가 강화되면서 달라졌습니다. 결혼한 부부가 시댁에서 사는 '친영제'가 일반화되기 시작했고, 유산도 남성 특히 장남에게 집중적으로 상속되기 시작했죠. 또한 여성은 외출할 때 쓰개치마나 장옷으로 얼굴을 가려야 하는 등 일상생활의 규제도 생겨났고 재혼도 금지되었습니다.

2

옛날 사람들도
치과 가는 걸 싫어했을까?

죽느냐, 사느냐? 생사를 갈랐던 공포의 대수술

 아이고, 이빨이야…. 잇몸까지 이렇게 아플 정도면 상
태가 심각한 거겠죠?

만두

 응? 네가 사람이라면 분명 '이빨'이 아니라 '이'가 아플
텐데! 동물의 이만 이빨이라고 하는 거 모르니?

요요

아리

사람이 아프다는데 맞춤법 검사기야 뭐야. 만두, 많이 아파? 어서 치과에 가봐야 하는 거 아니야?

만두

팀장님, 나중에 두고 봐요. 아무튼 저 지난주부터 이가 너무 아픈 거 있죠? 얼른 치료받는 게 낫다는 거 아는데도 치과 갈 생각만 하면 소름이 끼쳐요. 의료기술이 발전한 지금도 스트레스를 받는데, 대체 옛날에는 어떻게 치료를 받았을까? 생각만 해도 끔찍해!

요요

옛날 사람들은 너희처럼 디저트를 쉬지 않고 먹진 않았으니까, 충치도 많지는 않았을 거야. 물론 치아 마모 등 다른 문제로 치통을 겪었겠지만. 원시시대 초기 인류의 두개골을 보면 이가 심하게 닳은 걸 볼 수 있어. 아무래도 음식이 지금보다 훨씬 거칠었을 테고, 가죽이나 직물을 부드럽게 만들기 위해 이를 도구처럼 사용하기도 했거든.

만두

저 군것질 그렇게 많이 안 하거든요! 그런데 충치가 단 음식이랑 관련 있다면, 인류가 농사를 짓기 시작한 이후에 생긴 걸까요? 탄수화물에서 당분이 나오잖아요.

1부. 무심코 떠오른 질문에서 펼쳐지는 시대의 풍경

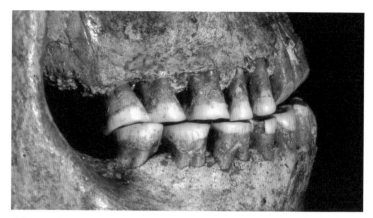

이라크 쿠르디스탄의 샤니다르 동굴에서 발굴된 남성 네안데르탈인 두개골. 사고나 질병으로 오른쪽 팔꿈치 아래를 잃은 그는 앞니를 도구로 활용했고, 이로 인해 치아 마모가 상당히 진행됐다.

출처: Erik Trinkaus, Washington University in St. Louis

요요

제법인데? 맞아. 고대 4대 문명 중 하나인 고대 이집트의 미라에서 충치, 잇몸병 등 온갖 치아 질환이 발견되기 시작해. 농사짓고 문명을 발전시켜가던 인류에게 충치는 아주 오래된 적이었어. 칫솔 같은 물건이 무려 기원전 3000년경 이집트에서 발견됐고, 기원전 2000년경 메소포타미아의 고대 도시 바빌론의 점토판에는 치통으로 고생한 사람이 자신의 이를 파먹는 벌레를 저주하는 내용이 있을 정도니까.

만두

휴, 4000년 전 사람과 공감대를 형성할 거라고 생각한 적 없었는데…. 그런데 이를 먹는 벌레라니 상상력이 재밌네요. 사실 이가 썩은 모양을 보면 마치 벌레가 파먹은 것처럼 보이잖아요. 지금은 충치가 눈에 보이지 않을 정도로 작은 세균 때문이라는 걸 알지만, 당시에는 치통의 진짜 원인도 몰라서 답답했겠어요.

요요

당시 사람들은 이가 아픈 원인을 세 가지 정도로 생각했어. 첫째는 치아 귀신이 있어서 악마나 귀신에게 저주받은 것이다. 둘째는 구더기 같은 벌레가 치아를 갉아 먹은 것이다. 셋째는 인체를 구성하는 체액에 문제가 생겨서 건강이 나빠진 것이다.

아리

원인을 완전히 잘못 알고 있는데 제대로 된 치료법도 없었겠죠? 그럼 옛날에는 충치를 어떻게 치료했어요? 귀신을 쫓아달라고 기도하거나 살충제라도 마신 건가.

요요

아주 비슷해. 고대 그리스 사람들은 신전을 찾아가서 제발 치통 좀 없애 달라고 기도했어. 연기를 들이마셔서 치아 벌레를 죽이려고 하거나, 콧물·혈액·땀·소변 등 좋지 않은 체액을 배출하면 치통이 나을 것이라 믿

기도 했지. 아플 때는 온갖 희한한 재료를 넣어 만든 약물을 먹거나 염증 부위에 바르기도 했고.

그럼 인류는 언제부터 제대로 된 치과 치료를 시작한 거예요? 지금은 듣고만 있어도 이가 점점 더 아파오는 기분이에요.

치과 의료 수준이 좋아진 건 로마시대부터야. 당시 사람들은 이가 아프면 치과 전문 내과의사, 발치사, 외과의사 등을 찾아갔지. 이들은 치아에 금박을 붙이거나 흔들리는 치아를 고정하거나 심지어 상아나 뼈를 이용해 임플란트를 하는 방법까지 고안하기도 했어. 물론

고대 에트루리아인의 임플란트

이탈리아 중부 서안의 고대 라티움(지금의 라치오)에서 발견된 보철 복제품.

기원전 8세기경부터 기원전 2세기까지 이탈리아 반도 중북부 지역에서 로마인보다 먼저 독자적인 문화를 남긴 에트루리아인은 치아 치료를 위한 보철을 최초로 사용했습니다. 에트루리아의 무덤 유물에서는 수많은 금 틀니가 발견되었습니다. 동물의 이빨이나 금 충전제를 이와 이 사이에 연결해 지금의 임플란트처럼 사용하기도 했습니다.

당시 치료 도구나 의학기술의 한계 때문에 치료를 받다가 과다출혈이나 쇼크, 수술 부작용으로 목숨을 잃는 사람도 많았지만.

만두

그런데 제가 알기로 중세 유럽에선 이발사가 외과 의사 일도 겸직했다고 하던데요? 아무래도 예리한 칼을 쓰는 직업이라서 그랬던 건가요?

아리

나도 책에서 봤던 것 같아. 지금도 종종 이발소 앞에 있는 빨간색·파란색·하얀색 줄무늬의 원통형 회전 간판이 수술이 가능하다는 의미였다고 하던데요. 빨강은 동맥, 파랑은 정맥, 하양은 붕대를 의미한다고. 좀 다른 얘기지만, 이발사와 칼이라고 하니까 뮤지컬 〈스위니 토드〉가 생각나기도 하고요. 연쇄살인마인 이발사가 면도를 하다가 손님의 목을 슥 찌르는 장면이 너무 인상 깊었어요.

요요

너희들 상식이 이렇게까지 늘다니 뿌듯한걸. 이발사가 외과 의사도 겸업하던 때가 있었지. 그래서 중세시대 사람들은 이가 아프면 지옥문을 경험해야만 했어. 중세 유럽의 의학은 로마제국 이후 거의 발전이 없었던 데다가, 특히 치과 치료는 열등하다는 인식 때문에 많은 의사가 치아 치료에서 손을 뗐거든.

만두

와, 조기 치료가 얼마나 중요한데…. 전문 의사가 없어졌어도 사람들의 이는 계속 아팠을 거 아녜요? 그럼 어떻게 했어요?

요요

전문가가 없다 보니 돌팔이들이 대거 출몰했지. 당시의 발치사 패거리는 마치 서커스단처럼 전국을 돌면서 사람들을 모은 후 기적의 발치쇼를 벌였지. 속임수로 가짜 이빨을 뽑은 후 하나도 안 아프다면서 거짓말을 해서 환자들의 돈을 뜯어냈다고 해.

짠미

치과랑 관련된 재미있는 그림도 있어요. 16세기의 판화가 뤼카스 판 레이던의 작품인데요. 발치사가 환자의 이를 뽑고 있고, 뒤에 선 조수는 환자의 지갑을 몰래 훔치고 있는 그림이죠.

요요

깜짝이야. 짠미야, 인기척이라도 좀 하자.

1부. 무심코 떠오른 질문에서 펼쳐지는 시대의 풍경

뤼카스 판 레이던, 〈치과의사〉, 1523.
치과의사가 이를 뽑는 중에 조수는
환자의 주머니를 뒤지고 있다.

출처: 워싱턴 국립 미술관

만두

그림으로 보니까 신기하네요. 왼손으로 환자의 머리를
꽉 잡은 게 왠지 뒤에서 지갑을 훔치는 조수를 못 보게
하려는 것 같기도 하고요. 설마 이런 사기꾼들이면, 혹
시 아프지도 않은 생니를 뽑고 그런 거 아니겠죠?

짠미

그런 일이 빈번했을 거 같아요. 당시엔 치과 치료가 얼
마나 고통스러웠는지 그와 관련된 그림이 많이 남아
있어요. 딱 봐도 무시무시한 니퍼를 들고 있는 치통 환

전국을 떠돌던 발치사 패거리는 사람들을 모은 후
기적의 발치쇼를 벌였습니다.

속임수로 가짜 이빨을 뽑은 다음에
하나도 안 아프다고 거짓말을 하여 사람들의 돈을 뜯어냈죠.

1부. 무심코 떠오른 질문에서 펼쳐지는 시대의 풍경

여전히 온갖 희한한 재료를 넣어 만든 약물을 먹거나
염증 부위에 바르기도 했고요.

이발사가 외과 수술이나 치과 진료까지
전부 다 하던 시대였으니 말 다 했죠.

피에로 델라 프란체스카, 〈성 아폴
로니아〉, 1455~1460년경. 아폴로니
아는 가톨릭에서 치과의사의 수호
성인으로, 뽑힌 이를 집게로 들고 있
는 젊은 여성으로 묘사된다.
출처: 워싱턴 국립 미술관

자들의 수호성인, 성 아폴로니아를 숭배하는 사람들도
늘어났고요.

아리

엉뚱한 이도 뽑히고, 돈도 털리고…. 엉터리 치료를 받
느니 차라리 성당에 가서 기도하는 게 100배쯤 더 나
을지도 모르겠네요.

요요

중세가 끝나고 르네상스를 지나 18세기에 와서야 현대적인 의미의 치의학이 탄생해. 비록 돌팔이 발치사나 해괴망측한 치료법도 여전히 판을 치기는 했지만 말이야. 이때 프랑스 외과 의대에서 치의과가 따로 분리돼서 전문교육이 시작됐지. 근대 치의학의 아버지인 피에르 포샤르가 1728년에 출간한 책 『치과 의사, 또는 치아 치료(Le Chirurgien Dentisté, ou Traite des dents)』에서는 훨씬 정교해진 수술 도구를 비롯해서 현대의 충치 치료법이나 치아 교정술과 유사한 치료 방법도 기록돼 있어. 19세기에는 아산화질소, 에테르 등의 마취제 효과가 알려지면서 치과 치료가 점점 안전해졌지.

만두

얘기를 들어보니, 지금 치과 치료를 받을 수 있어서 얼마나 다행인지 모르겠어요. 그런데도 치과는 왜 이렇게 가기가 싫을까요? 그냥 이가 썩으면 새로 더 나면 좋겠다. 왜 이는 한 번밖에 새로 안 나는 거야?

아리

치과는 어른이 돼도 다들 무서워하는 것 같아. 오죽하면 '치과 공포증'이라는 용어도 있으니까. 그래도 늦기 전에 얼른 병원 가서 치료받자!

요요

만두는 다음 생에 상어로 태어나면 되겠다. 상어는 이빨이 빠져도 계속 새로 나는 거 알지? 가만, 성질도 좀 비슷한 거 같은데. 이번 생엔 이빨로 고생했으니 다음 생에는 꼭 상어로 태어나렴!

만두

우씨, 자꾸 놀릴래요? 다시 태어나는 건 너무 늦어요. 이빨 AS는 지금 당장 필요하다고요!

1부. 무심코 떠오른 질문에서 펼쳐지는 시대의 풍경

마취제 찾기에
진심이었던 치과의사들

마취제가 없던 시절의 외과수술은 말 그대로 공포 그 자체였습니다. 수술 중 쇼크로 사망하는 환자도 많았죠. 여러 실험을 통해 수술에서 마취제가 널리 사용되기까지, 가장 크게 공헌한 사람은 바로 치과 의사 두 명이었습니다.

미국의 젊은 치과 의사였던 호러스 웰스(1815~1848년)는 흡입하면 기분이 좋아지고 근육이 이완되어 '웃음가스'라 불리던 산화질소를 최초로 수술에 사용했습니다. 하버드 대학교에서 산화질소를 통한 마취 효과의 시범을 보이려 했지만, 수술 도중 마취한 환자가 비명을 지르면서 실패로 돌아갔죠. 이후 다른 환자는 가스 과다 투여로 사망에 이르는 등 여러 번 실험에 실패하면서 사람들의 신뢰를 잃고 비웃음을 사기도 했습니다. 결국 치과 의사의 길을 포기했죠.

하지만 웰스와 함께 마취에 관한 연구를 계속했던 또 다른 치과의사 윌리엄 모턴(1819~1868년)은 끝까지 포기하지 않았습니다. 결국 그는 에테르를 이용한 전신마취 방법을 개발했고, 법원으로부터 특허를 받아냈죠. 인류를 수술의 고통에서 구하려 애쓴 두 사람이 모두 치과 의사라는 사실은 그만큼 치통이 우리에게 흔하고 또 고통스러운 질병이란 뜻은 아닐까요?

3

부모님 등골 제대로 뽑았던
해외 유학의 역사

그랜드 투어, 상류층이 되기 위한 필수 코스를 살피다

 아, 직장 생활이고 뭐고 다 때려치우고 해외 유학이나
떠나고 싶다.

 너 팀장인 내 앞에서 그런 말을 잘도 하는구나? 그리
고 말이야. 옛날에는 그렇게 아무나 쉽게 유학을 갈 수
없었던 거 아니? 어느 정도였냐면….

만두

또, 또! 팀장님 옛날에 공부 잘했다고 은근히 자랑하려는 거죠?

요요

아니, 그게 아니라 옛날 사람들은 어떻게 해외 유학을 떠났는지 네가 무척 궁금할 것 같아서 그랬지. 영국인들이 왜 프랑스나 이탈리아로 유학을 떠났는지, 외국 나가서 무슨 수업을 듣고 숙식은 어떻게 해결했는지, 뭐 그런 거….

만두

쓸데없는 자랑만 아니면 됐어요. 당장 떠날 수 있는 것도 아니니까, 일단 옛날 해외 유학 얘기라도 한번 들어 볼게요.

요요

그럴래? 해외 유학이 본격적으로 유행한 건 16세기 영국에서부터야. 명문가 자제이자 외교관 지망생이었던 필립 시드니가 엘리자베스 1세가 주는 장학금으로 독일, 프랑스, 이탈리아 등 유럽 대륙 곳곳을 여행한 것이 시작이었지. 시드니가 유학한 기간이 대학 졸업 후부터 4년간이라고 하니까, 꽤 길지?

4개월도 아니고 4년이나요? 그것도 정부 지원도 받아서? 16세기면 교통도 발달하지 못해서 지금처럼 쉽게 여행할 수도 없었을 텐데, 사람들이 엄청나게 부러워했겠어요!

그치. 게다가 유학 다녀온 시드니가 교육과 외교, 문학 등 워낙 다방면으로 두루 활약을 했거든. 또 유학 경험을 바탕으로 쓴 책도 베스트셀러가 돼서 수많은 귀족 자제의 롤모델이 됐지.

으, 저도 당장 떠나고 싶은데요. 우리가 여행 에세이를 보고 여행을 떠나는 것처럼, 영국 사람들도 그 책을 읽고 유학을 꿈꾸기 시작했군요.

맞아. 그야말로 붐이 일어났지. 심지어 이런 해외 유학을 부르는 명칭도 따로 있었어. 바로 그랜드 투어, 이름부터 웅장하지? 그랜드 투어는 그야말로 엘리트 교육의 최종 단계였어. 사람들은 프랑스, 독일, 오스트리아, 폴란드, 그리고 이탈리아까지, 시드니의 일정을 그대로 따랐지.

1부. 무심코 떠오른 질문에서 펼쳐지는 시대의 풍경

만두

제가 유럽 배낭여행 갔을 때 짰던 코스랑 비슷한 것 같아요! 그때도 지금처럼 프랑스와 이탈리아가 인기가 많았나 봐요?

요요

당시만 해도 섬나라 영국은 유럽의 변방이었거든. 그랜드 투어가 시작된 16세기는 문화적으로 번영했던 르네상스가 본격적으로 시작되는 시기였는데, 특히 프랑스와 이탈리아는 그런 르네상스를 선도하는 나라였지. 당시 사람들은 고전주의 문화 예술의 본토가 되는 이탈리아에 들러서 예술 작품과 고대 유적지를 직접 보고, 유행을 선도하는 프랑스에서 세계의 정세를 한눈에 파악하려고 했어.

아리

그런데 그땐 비행기도 없었는데, 그 먼 거리를 어떻게 여행하고 다녔죠?

요요

뭐야, 안 듣는 줄 알았더니…. 너도 내심 궁금했구나? 여행길은 당연히 아주 길었어. 그랜드 투어에 보통 2~3년 이상이 걸리는 게 다 이유가 있었지. 그만큼 챙겨야 할 짐도 아주 많아서 포크와 나이프 같은 식기는 물론 기도서, 노트와 필기구, 호신용품이나 상비약, 여

왜 하필 이탈리아로 유학을 떠났을까?

그랜드 투어의 궁극적인 목적지는 이탈리아였습니다. 서양 문명의 근원지가 그리스·로마였고, 그들의 예술과 사상을 본받아 인간 중심의 정신을 되살리려는 흐름이 바로 15~16세기 전개된 '르네상스'였기 때문이죠. 르네 상스는 '재생', '부활'이라는 뜻입니다. 그랜드 투어의 유행 역시 신 중심의 중세시대에서 벗어나, 인간을 다시 세상의 중심으로 삼으려 했던 시대의 분위기와 연결돼 있죠.

름·겨울 옷 등등 짐이 상당했어. 잠자리에 예민한 사 람들은 개인용 침구를, 필요에 따라서는 책상과 이동 식 욕조까지 챙겨 갔다고 하니, 이건 뭐 거의 집을 통 째로 들고 다니는 거나 마찬가지였지.

만두

짐들을 말이나 마차에 싣고 다녔을 텐데, 여행 경비가 만만치 않았겠네요? 교통비에 숙박비에 식비까지 하면 얼마였으려나….

요요

기록에 따르면, 평균적으로 50~60파운드 정도를 썼다고 하는데, 그보다 훨씬 적은 돈을 썼던 유학생들도 있었지. 1591년 그랜드 투어를 떠난 한 유학생은 대학으로부터 연간 20파운드 정도를 지원받았다고 해. 지금 시세로 따지면 700만 원에서 800만 원 정도랄까? 한 달에 60여만 원 정도 되는 돈으로 모든 걸 해결했으니, 제법 짠내 나는 여행을 한 거지.

반대로 여유 있는 유학생도 있었지. 18세기의 한 귀족층 자제는 연간 3000~4000파운드를 경비로 지출했어. 지금 시세로 1년에 약 7억 원 이상을 쓴 셈인데, 엄청나지? 아마 너희들이라면, 후자보다 전자에 가까운 처지였겠지만.

아리

뭐야, 자기도 우리랑 별로 다를 것도 없으면서. 그나저나 아무리 귀족이고 부자라도 그렇지, 수년간 그저 외국에 놀러 다니라고 주기에는 너무 큰돈 아니에요?

요요

마냥 놀러 다니라고 주는 건 당연히 아니고, 여행은 여행인데 교육에 좀 더 목적이 있었지. 아무리 돈 많은

귀족이라도 자기 자식이 세월을 허비하고 돈도 펑펑 쓰며 놀도록 내버려 두진 않았어. 그래서 17세기 초부터 여행에 아예 동행 교사를 붙이기 시작해. 이 동행 교사는 해외여행 경험은 물론, 외국어 능력, 대학 졸업장이 있어야 했고 상류층의 매너까지 갖춘 고스펙 인재들이었어.

아리

그 시대의 '1타 강사'라고 생각하면 되겠군요. 현장 답사를 하면서 최고의 교사와 24시간 밀착 강의라니, 완전 고급 교육인데요?

요요

그치. 당시 영국의 대학 교육은 급변하는 실생활과 너

무 동떨어져 있었고, 그 불만으로 인해 더욱 앞다투어 그랜드 투어를 떠나려 한 것도 있어. 일종의 대안 교육 이랄까? 당시 1타 강사… 아니 동행 교사로 활약했던 사람으로는 토머스 홉스, 존 로크, 애덤 스미스 등이 있어. 그들은 교양 과목을 가르치는 역할뿐 아니라, 돈 지출 관리와 개인 생활 지도까지 했기 때문에 업무가 굉장히 빡빡했다고 해.

아리

헐. 홉스와 로크는 '사회계약설', 애덤 스미스는 '보이지 않는 손' 같은 개념을 만든 사람들이잖아요? 다들 한 번씩 이름을 들어본 사람들인데, 연구하고 공부하느라고 바빴을 것 같은 사람들이 왜 굳이 2~3년 동안이나 젊은 애들 뒷바라지까지 하면서 투어를 떠난 거예요?

요요

아, 그건 아리 네가 매일 출근해서 일하는 이유랑 같아! 당시에 인기 있는 동행 교사는 엄청나게 높은 급료를 받았거든. 거기에 동행 교사 본인도 공짜로 해외여행을 하면서 학문적 견해를 넓힐 수 있었으니, 좋은 기회를 마다할 이유가 없었지.

와우. 지금도 어디 좋은 동행 교사 자리 없으려나? 3년 동안 학생만 잘 돌보면, 여행 다니면서 돈도 벌 수 있겠는데?

배울 게 많은 만두는 교사가 아니라 유학생 자격으로 가야지. 자, 그럼 최고의 스승인 내가 18세기 영국에서 그랜드 투어를 떠난다고 생각하고 코스를 쭉 설명해 줄게. 만두는 정규 코스로 가면 딱일 거 같아. 일반적인 영국 유학생은 약 3년의 여행 기간 중에서 프랑스에서 18개월, 이탈리아에서 10개월, 독일이나 네덜란드에서 5개월을 보내고 다시 프랑스 파리로 돌아와 3~4개월 정도를 지낸 후 귀국했거든.

1부. 무심코 떠오른 질문에서 펼쳐지는 시대의 풍경

너무 좋아요! 프랑스와 이탈리아에서 1년씩 지내면, 파스타랑 피자랑 디저트 매일 다양하게 먹을 수 있겠다.

만두는 마음의 양식이 아니라 그냥 양식에 관심이 더 많구나. 맛집 투어도 물론 좋지만, 그랜드 투어에서 수행해야 할 필수 과제가 있어. 첫 번째 과제는 패션 감각 기르기! 프랑스 파리는 당시에도 유행을 선도하는 도시였어. 겉모습이 매우 중요했던 17세기에 사교계의 스타가 되기 위해서는 패션 감각이 중요했거든.

로마에 가면 로마법을 따르라! 당시 프랑스의 최신 유행 패션이 뭐였는지 궁금한데요?

프랑스에 도착하자마자 파리 스타일로 옷 쇼핑을 하는 것이 부유층 자제들의 그랜드 투어 첫 미션이었어. 자, 일단 당시 스타일대로 갈아입어 볼까?

흰머리에 리본 스카프에, 벨벳에, 이상한 구두까지? 이거 맞아요…?!

푸…풉! 네가 패션을 몰라서 그래. 너무 잘 어울리는데? 계속해서 두 번째는 외국어 배우기. 당시 유럽의 상류층 사회에서는 프랑스어를 배워야 교양인이 될 수 있다고 생각했어. 그래서 그랜드 투어의 가장 난코스가 바로 프랑스어 배우기였지.

지금으로 치면 어학연수군요? 한국어도 제대로 모르는데, 프랑스어를 어떻게 배워…. 벌써 머리가 아파오는데요.

당시 사람들도 프랑스어는 어려웠나 봐. 그랜드 투어에 다녀온 제임스 호웰은 "프랑스 동네 노인들과 친구

1부. 무심코 떠오른 질문에서 펼쳐지는 시대의 풍경

가 되어 얘기를 많이 나누어라"라는 꿀팁을 전수하기
도 했지. 만두 너도 친화력은 좋으니까 아마 잘 해낼
수 있을 거야.

만두

그런 쉬운 방법이 있었네. 나의 귀여움을 무기로 어
르신들 마음을 사로잡으면 프랑스어쯤은 그냥 배우
겠네요.

요요

마지막 세 번째 과제는 인맥 쌓기야. 그랜드 투어는 당
대 유명 지식인을 직접 방문할 좋은 기회였거든. 유학
생들은 본토에서 소개장을 받아 해외의 왕족과 귀족,
유명인의 집을 방문했지. 야망 있는 귀족 자제들은 그
중에서도 유럽의 정세를 한눈에 파악할 수 있는 프랑
스 궁정으로 몰려갔어.

아리

인맥 쌓기가 유학 코스에 있었다고요? 근데 만나고 싶
다고 해서 다 만날 수 있는 것도 아닐 텐데요.

요요

물론 만나기 어려운 사람도 있었지. 필요한 경우 추천
서를 받아서 가기도 했고, 또 열정으로 극복해 낸 사람
도 있었어. 영국의 작가 지망생이었던 제임스 보즈웰

제임스 호웰은 회화 실력을 키우기 위해서
동네 노인들과 친구가 되라고 조언했습니다.

노인들은 본토 발음을 구사하며
말을 많이 하기 때문에

1부. 무심코 떠오른 질문에서 펼쳐지는 시대의 풍경

최고의 대화 상대라는 것이죠.
물론, 그들과 빨리 친해지기 위해서

가벼운 선물 정도는
꼭 챙겨 가라고 덧붙이기도 했습니다.

은 당대 계몽주의 철학자로 이름을 날렸던 장 자크 루소의 집에 무작정 찾아갔어. 처음에는 문전박대를 당했지만, 결코 포기하지 않았지. 계속 편지를 보내 만남을 요청했고, 결국 루소와 안면을 트게 됐어. 그는 두고두고 루소와의 인연을 자랑했다고 해. 그랜드 투어에서의 경험은 이렇게 두고두고 내세울 만한 경력이 되었지.

만두

마치 대학생 때 다녀온 유럽 여행을 아직까지 우려먹고 있는 제 모습 같네요….

요요

우린 뭐 다 비슷하지…. 그런데 그랜드 투어에서 하고 싶은 것만 하다간 여행을 망치기 정말 쉬웠어. 당연한 말이겠지만, 어떻게 시간을 보내느냐에 따라 유학의 결과가 아주 많이 달라졌지. 심한 경우 성병에 감염되어 고생하며 돌아오는 이도 많았고, 겉멋만 잔뜩 들어서 주변 사람을 촌스럽게 여기는 철부지도 있었지. 이렇게 겉멋만 든 젊은이들을 마카로니라고 불렀어. 그들을 풍자한 그림도 남아 있지.

1부. 무심코 떠오른 질문에서 펼쳐지는 시대의 풍경

사무엘 히에로니무스의 모사작, 〈네가 내 아들 톰이냐?〉, 1773년경. 유학으로 겉멋이 들어 주변 사람을 업신여기던 건방진 젊은이들을 '마카로니'라고 불렀다.

출처: 메트로폴리탄 미술관

짠미

아버지와 아들의 대비되는 표정이 굉장히 재미있는 그림이에요. 최신 패션을 자랑하려는 듯 한껏 추켜올린 아들의 헤어스타일도 인상적이고요.

아리

그랜드 투어 관련 책에 재미있는 내용도 있네요. 당시 한 여행 책자에는 이런 경고문이 있었대요. "외국에서 결코 영국인한테 아는 척하지 말라" 해외에서 만난 영국인 중에 사기꾼이 워낙 많았나 봐요.

요요

옛날엔 지금처럼 정보를 쉽게 얻을 수 없었으니까, 이를 악용한 사기꾼도 많았을 거야. 마카로니나 사기꾼들 말고도, 완전 모범적인 유학생들도 있었어. 토머스 코크 백작은 무려 7년간 여행을 다녔는데, 고대 건축이나 그림, 유적지 등을 통해 지성을 닦았지. 그 여정에서 레오나르도 다빈치의 작품을 비롯해 수많은 그림과 책을 사 와서는 영국에 박물관을 열었어.

또 18세기의 작가이자 정치가 조지프 애디슨은 여행 에세이를 쓴 게 엄청난 베스트셀러가 됐어. 나라별로 에세이를 쓰면서 고전의 한 구절씩을 덧붙였다고 하는데, 지적 허세와 아름다운 낭만을 잘 버무린 게 세간에 먹힌 거지.

만두

아, 얘기를 들을수록 더 떠나고 싶어요. 당장 표 끊는다. 나 말리지 마요!

17세기 영국의 대문호 존 밀턴(1608~1674년)은 1638년부터 2년 동안 이탈리아에 머물렀습니다. 그가 이탈리아 문학회에서 토론한 내용은 불후의 대작 『실낙원』의 토대가 되었죠. 철학자이자 정치사상가인 존 로크에게 그랜드 투어는 세계관을 넓히는 기회였습니다. 그는 프랑스 정부체제와 세금제도, 재정을 자세히 관찰하여 기록으로 남겼고, 기계에도 관심이 많아 비단직조기나 압착기와 같은 기술적 발전을 면밀하게 관찰했습니다. 식물학자 존 레이는 1663년부터 3년 동안 유럽 대륙 곳곳을 여행하면서 수집한 식물들로 도감을 만들었고 '영국 자연사의 아버지'라고 불리게됩니다.

그랜드 투어의 유행은 영국에서만 나타난 것이 아니었습니다. 유럽 각지의 엘리트들이 자신이 사는 지역에서 벗어나 곳곳을 누비면서 서로 교류함으로써, 지배층과 지식인들은 국제적 차원에서 지식을 쌓고 교양을 공유하게 되었습니다. 이는 이후 계몽주의가 유럽 전체로 뻗어나가는 밑거름으로 작용합니다.

4

대기업 안 부러운
조선시대 기술직의 연봉은?

옛날에도 잘나갔던 최고의 직업들

만두

오늘도 일본어 학습지 밀리겠네. 아직 어제 거인 중국
어 숙제도 다 못 끝냈는데….

요요

만두는 외국어보다 우리말부터 다시 배우는 게 어때?
저번에 작성한 서류 보니까 아직 '되다'랑 '돼다'도 헷
갈리는 것 같던데. 내가 싹 고쳐놓은 거 알지?

1부. 무심코 떠오른 질문에서 펼쳐지는 시대의 풍경

만두

쓰바씨바(Спасибо). 러시아어로 정말로 고맙다는 뜻이에요.

요요

이럴 때 써먹으려고 외국어 배우는구나? 뭐 지금이야 취미로 외국어 공부도 하고 학원에 다니거나 학습서로 쉽게 배울 수 있지만, 과거엔 외국어 배우는 게 굉장히 어려웠어. 고도의 숙련이 필요한 기술이었거든.

만두

음, 옛날엔 주로 한자를 썼잖아요? 사실상 외국어 하나를 기본으로 배우는 셈인데… 저도 그 시절에 태어났으면 다른 외국어 공부할 생각은 못 했을 거 같아요. 아무튼, 그럼 옛날에는 누가 어떻게 왜 외국어 공부를 했어요?

요요

신라시대 때는 귀족 자제들이 중국 당나라로 유학을 다녀오는 경우가 많았어. 신라 말기의 최치원이 당나라의 외국인 대상 과거시험인 빈공과에 당당히 합격한 걸 보면, 그의 중국어 실력이 굉장한 수준이었다는 걸 알 수 있지.

만두

그럼 개인이 그냥 무작정 외국에 나가는 것밖에 방법
이 없었나요?

요요

나랏일을 맡을 공식 직책으로 통역관이 처음 등장한
건 고려시대부터야. 그전까지는 나랏일도 유학생이나
개인 통역가에게 의뢰하다 보니 일부러 말을 다르게
전해서 돈이나 물건을 빼돌리는 일도 빈번했지.

아리

고려는 다른 나라하고 무역을 많이 했잖아요. 국제무
역항 벽란도에선 중국, 일본은 물론 멀리 이슬람 상인
도 많이 오갔다고 들었어요.

만두

외교에도 적극 활용했었죠? 서희의 강동 6주! 외교만
으로 땅을 회복했던 일도 있었잖아요. 역시 강대국 사
이에서 살아남으려면 외국어가 중요했겠어요. 그럼 고
려는 통역관을 어떻게 양성한 거예요?

요요

고려의 25대 충렬왕은 역관 공무원을 본격적으로 키우
기 위해서 최초의 공인 외국어 학교 통문관을 만들었
는데, 고려 말에 사역원으로 이름이 바뀌었어. 이 기관
이 조선이 건국된 후에도 그대로 계승됐지. 조선도 주

변국들과의 외교, 특히 중국 명나라와 좋은 관계를 맺는 게 굉장히 중요했거든. 조선시대 이후부터는 외국어 교육뿐 아니라 번역 및 외교를 담당하고 외국의 선진 학문을 국내로 들여오는 업무를 동시에 수행하는 기관이 되었어. 역관이 되기를 꿈꾸는 모든 지망생의 '꿈의 직장'으로 거듭난 거지.

역관이 되기 위한 관청, 사역원

사역원에는 중국어과, 몽골어과, 일본어과, 여진어과가 있었습니다. 한양의 청사 외에도 여러 지방 청사를 두었는데요. 예컨대, 일본과 가까운 부산과 제주, 거제에서는 일본어 학생을 양성했죠. 사역원에 입학하기 위해서는 현직 역관의 추천을 받아야 하는 등 까다로운 절차를 거쳤습니다. 심사위원들이 지원자의 집안, 조상 등을 검토한 뒤에야 입학시험을 칠 수 있었습니다.

그전까지는 나라에서
통역이 필요할 때도

유학생이나 사설 통역가에게
통역을 의뢰하는 일이 많았는데

1부. 무심코 떠오른 질문에서 펼쳐지는 시대의 풍경

일부러 통역을 이상하게 해서
관리들을 호구로 만들고

돈이나 물건을 빼돌리는 일이 빈번해
문제가 많았다고 하죠.

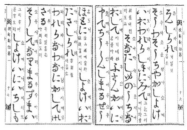

비즈니스 중국어 교본 『노걸대』, 제작 시기 미상   일본어 회화 교본 『첩해신어』, 1676년 제작

만두

그럼 사역원에서는 우리가 학교에서 영어를 배우는 것처럼 가르쳤어요? 아니면 기관이라 가르치는 방법이 좀 달랐나요?

요요

당시에도 외국어 교재가 있었어. 학생들이 사용하던 전공 교재를 보면 요즘의 외국어 회화책과 구성이 아주 비슷해. 예를 들어 고려와 조선에서 쓰인 중국어 회화 교본 『노걸대』에는 중국 출장을 가서 낯선 사람에게 하룻밤 재워 달라고 부탁하는 방법이 소개돼 있어. 그리고 학생들은 전원 기숙사 생활을 하면서 열흘 정도마다 크고 작은 시험을 쳤지. 교과서를 달달 외워서 발표하는 것은 물론, 파트너와 실전 회화를 연습하기도 했어.

만두

외국어는 혼자선 아무리 열심히 공부해도 잘 안 느는 거 같아요. 외국인하고 직접 대화하는 게 최고인데…, 혹시 옛날에도 원어민 선생님이 있었나요?

요요

비슷한 방법이 시행됐어. 1442년 한 신하가 세종에게 "사역원의 학생들이 10년 동안 외국어 공부를 해봤자, 두 달 정도 현지에 다녀온 사람보다 못합니다. 사역원 안에서는 무조건 전공 언어로 대화하고 우리말을 쓰면 벌을 줘야 합니다"라고 건의했지. 이에 세종은 마치 영어만 써야 하는 '영어마을'처럼 사역원을 '중국어마을'로 만들어버렸어.

아리

영어마을이 조선시대 때부터 있었군요! 그리고 보니 역관들은 부자로도 유명한 거 같아요. 18세기 실학자 연암 박지원의 소설 『허생전』에서 허생이 돈을 빌리는 부자 변씨가 역관 가문 출신이라면서요?

요요

맞아! 변씨는 역관 변승업 가문을 모델로 했다고 해. 소설처럼 역관 중에는 부자가 꽤 많았어. 주로 중계무역으로 돈을 벌었지. 당시 사신단은 한번 외국 출장을 가면 6개월에서 1년 이상 걸렸는데, 이때 조정에서는 별도의 출장비를 지급하는 대신 역관 한 사람당 인삼 80근을 주고 현지에서 팔 수 있는 무역권을 보장했어. 근데 이 사업이 아주 쏠쏠했지. 역관들은 인삼을 판 돈으로 중국의 사치품을 직구해서 국내나 일본 등지에 되팔기도 했다고 해.

만두

조선시대 인삼이면 지금의 반도체처럼 대표 수출품이었잖아요. 사업에 소질이 있는 사람들은 돈을 꽤 벌었겠어요!

요요

그렇게 부자가 된 역관들은 자손 대대로 '금수저'를 물려주고 싶어 했지. 역관 집안의 자녀들은 어릴 때부터 외국어 조기교육을 받았고, 그들이 또다시 역관이 되는 대물림이 반복됐지. 시간이 지날수록 역관 직책은 유명한 몇몇 가문들이 독점하다시피 했다고 해.

아리

저라도 그랬을 거 같아요. 역시 잘살려면 기술을 배워야 할 거 같은데…. 혹시 외국어 말고 다른 기술직 중에도 돈 잘 버는 직업이 있었나요?

1부. 무심코 떠오른 질문에서 펼쳐지는 시대의 풍경

요요

조선시대에는 언어뿐 아니라 수학도 기술이었어. 지금으로 치면 기획재정부라고 할 수 있는 호조 소속의 관리인 산원은 수학자이자 회계사였거든. 국가 재정에 대한 회계와 토지 측량 등의 일을 했지.

만두

수학을 얼마나 잘해야 기술자라고 불리는 거예요? 계산기나 컴퓨터 수준으로 계산을 빨리한 건가?

요요

영조 때 산원이었던 홍정하가 쓴 『구일집』을 보면 그 실력을 대충 가늠해 볼 수 있어. 책에서는 홍정하가 청나라 수학자인 하국주라는 인물과 수학 실력을 두고 대결한 일화가 실려 있지. 청나라에선 '하늘 아래 다섯 손가락 안에 드는 수학자'라고 불리던 하국주가 조선의 홍정하에게 낸 문제는 바로 이거였어.

360명이 1인당 은 1냥 8전씩 냈다! 모두 합하면 얼마일까?

그냥 360 곱하기 1.8 하면 되는 문제였지. 문제가 너무 쉬워서 어이없었지만, 단숨에 정답을 말한 홍정하는 반대로 하국주에게 이런 문제를 냈어.

둥근 옥이 있다. 이 옥에 내접하는 정육면체 옥을 뺀 껍질의 무게는 265근 50냥 5전이다. 껍질의 두께가 4촌 5푼이라고 하면 이 둥근 옥의 지름과 정육면체 옥의 한 변 길이는 얼마라고 생각하는가?

하국주는 죄송하다고 하고 바로 집에 갔다고 해.

만두

'문(과라서 죄)송하다'는 말이 절로 나오네요. 도대체 수학 만렙인 산원은 어떤 일을 한 거예요?

요요

조선시대는 농업 국가잖아. 농지를 측량하고, 수확량을 예측하며, 그에 따라 조세를 정확하게 계산하는 데 수학을 활용한 거지.

아리

맞다, 농사지을 때는 비가 언제 얼마나 내리는지 파악하는 게 중요하죠. 내린 비의 양을 밀리미터 단위까지 정확하게 측정했던 측우기도 자연현상을 수학으로 정확하게 분석해 낸 위대한 발명품이고요.

요요

측우기는 당시 세자였던 문종이 세종의 명에 따라 설계하고 장영실이 제작한 최고의 발명품이지. 세종대왕은 정말 알면 알수록 대단한데, 수학을 모든 학문의 기본이 되는 학문이라고 생각해서 스스로 공부하고 신하들에게도 중요성을 강조했거든. 실록을 찾아보면, 세종대왕이 농지측량사업에 기여한 조선 수학자들의 공을 격하게 치하하고 더 높은 수준의 수학 교육을 위한 방책을 마련해서 보고하라고 한 일화도 찾아볼 수 있어.

만두

아까 외국어는 사역원에서 배웠다고 했는데, 수학도 따로 공부하는 관청이 있었어요?

요요

산원이 되고자 하는 산학생도들은 호조의 하급기관인 산학청에서 교육을 받았어. 조선의 산원들은 과거시험이 아닌, 호조에서 자체적으로 실시하는 시험으로 선발되었지. 선발된 사람들은 명나라 때 들어온 『상명산법』을 통해 토지나 사물의 길이, 부피, 무게 등을 재는 방법과 논밭의 넓이, 그리고 이에 필요한 곱셈과 나눗셈 등을 배웠어.

만두

학문적인 수학보다는 실생활에 적용할 수 있는 수학을 배운 거군요?

아무래도 실용성이 중요했으니까. 그래도 인수분해나 함수, 방정식 등 조금 더 학문적인 성격의 수학도 익혔어. 마찬가지로 중국에서 들어온 『양휘산법』이라는 교재로 교육받았지. 『경국대전』에는 "산학생도들의 교육은 종6품인 산학교수와 정9품인 산학훈도가 맡는다"라고 나와 있는데, 산학훈도가 되기까지는 거의 20년, 산학교수가 되기까지는 거의 27년이 걸렸어.

정말 오랜 숙련 기간이 필요했네요. 그걸 국가에서 직접 양성하고 관리했다는 점이 좀 신기해요. 그만큼 기술의 중요성을 잘 알고 있었다는 거겠죠?

안타깝게도 기술직에 대한 공식 처우는 그렇게 좋지만은 않았다고 해. 역관이나 산원 외에도 무기를 만드는 군기시, 의복을 만드는 상의원, 도자기를 만드는 사기장 등 많은 기술직 장인들이 있었는데, 이들은 대부분 중인 신분인 데다가 여러 사회적 차별을 받았지.

기술이 얼마나 중요한데! 그리고 보니 임진왜란 때 일본으로 끌려간 조선의 사기장들이 만든 도자기가 지금까지도 유명하잖아요. 세계적으로 알려진 아리타 도자

일본에서 활약한 조선의 도공들

도공 이삼평은 일본 아리타 도자기의 기반을 닦은 사람으로 알려져 있습니다. 임진왜란 때 일본에 건너간 그는 아리타 마을에 자리를 잡았고, 그곳은 일본의 대표적 자기 생산지가 되었죠. 조선 도공들이 만든 자기는 네덜란드 동인도회사 등을 통해 유럽에도 수출, 18세기 유럽에 불어닥친 유행인 '자포네스크'의 한 축을 담당했습니다. 비슷한 시기, 아리타에서 활동한 또 다른 도공으로 백파선도 있습니다. 여성 도공으로 남편과 함께 일본으로 끌려간 그는 강력한 리더십으로 도공들을 이끌며 존경을 받았고, '흰머리 여자 신선'이라는 뜻의 백파선으로 불렸다고 합니다. 지금도 규슈 서북쪽 사가현의 호온지에는 그를 기리는 탑이 있고, 1998년에는 아쿠타가와상을 받은 작가 무라타 기요코가 그의 이야기로 『용비어천가』라는 소설을 쓰기도 했습니다.

기의 토대를 만든 조선 도공 이삼평, 여성 최초 사기장 백파선 등의 역할이 컸고요.

요요

맞아. 예나 지금이나 기술자를 잘 양성하고 대우하는 일은 아주 중요해. 그런 부분은 지금이라도 우리가 과거를 잘 되새기고 반성해야 할 점인 것 같다. 자, 우리도 지식 교양 콘텐츠를 다루는 편집 기술자들이니까 자부심을 갖자고. 다들 오늘도 파이팅!

'사대부의 나라' 조선 선비들이 가장 귀하게 여긴 대표적 예술품이 바로 백자입니다. 백자를 만드는 사람들을 사기장(沙器匠)이라고 불렀는데요. 『승정원일기』에는 "그릇을 구워 만드는 일은 아무나 할 수 없으니, 반드시 대대로 익혀야 그 기술이 비로소 완성된다"라고 적을 만큼 사기장은 국가 차원에서 최고의 기술 장인으로 관리했습니다.

사기장들은 도자기 제작의 각 단계별로 분업을 했는데요. 흙을 그릇 모양으로 만드는 조기장(造器匠), 그릇 모양을 다듬고 미적인 감각을 부여하는 마조장(磨造匠), 흙을 곱게 거르는 역할을 하는 수비장(水飛匠), 가마에 불을 때는 화장(火匠)과 도자기에 그림을 그리는 화청장(畵靑匠)이 각자 분야에서 수십 년간 기술을 가다듬어야 최고의 경지에 오를 수 있었죠.

예나 지금이나 장인의 경지에 오르기 어려운 일일수록 배우는 사람도 드뭅니다. 최고 기술직이라는 명예가 있었지만 일의 강도가 너무 세서 지원자가 적었죠. 사기장들은 기능 전수를 위해 아들이나 제자를 두고, 각 제조과정에서 업무와 교육을 병행해야 했습니다.

5

전 세계를 파국으로 몰아간 최악의 감염병

역사를 뒤바꾼 페스트, 스페인 독감, 콜레라의 역사

콜록, 콜록…. 아, 왜 자꾸 목이 아프지.

뭐야. 만두 아까부터 계속 기침하던데… 혹시 코로나 아니야? 우리 지금부터 거리를 좀 둬야겠다.

안 그래도 걱정돼서 어제 PCR 검사 받았고 음성 나왔어요! 그나저나 이런 생활을 언제까지 해야 할까요?

친구도 편하게 못 만나고 너무 우울한데.

요요

슬픈 얘기지만, 이전 시기로 완전히 똑같이 돌아갈 수는 없을 거야. 코로나19가 아니더라도 인류는 오랫동안 전염병과 싸워왔잖아? 그렇게 전염병이 휩쓸고 지나간 다음에는 그 전과 완전히 달라진 생활 방식으로 살게 되거든.

아리

전염병이라는 게 대개 예고 없이 찾아와서 변화도 더 급격하게 이뤄지는 거 같아요. 코로나19 말고, 역사상 다른 전염병들은 또 어떤 영향을 끼쳤을까요?

요요

페스트, 스페인 독감, 콜레라 이렇게 세 전염병이 인류 역사상 가장 악질이었지. 지금까지도 전염병 하면 제일 먼저 떠오르는 페스트부터 살펴볼까? 페스트는 흑사병이라고도 하는데 왜 그렇게 부르는지 아니?

만두

알아요! '검은 죽음'이라는 뜻이잖아요. 사람들이 그 병 때문에 너무 많이 죽어서 비유적으로 표현한 것 아니에요?

하하, 그렇게 대답할 줄 알았어. 흑사병은 병 자체를 묘사한 이름이야. 흑사병에 걸리면 신체 부위가 괴사하고 검은 반점이 생기거든. 그래서 그런 이름이 붙여졌지.

얼마나 지독했던지, 외국에서는 '페스트'라는 단어 자체가 전염병을 뜻하는 보통명사로도 쓰인다면서요?

맞아. 흑사병은 14세기 중세 유럽에서 엄청난 악명을 떨친 병이거든. 당시 정확한 인구 통계가 없어서 추산할 뿐이지만 유럽에서만 2500만 명, 즉 전체 인구의 3분의 1이 사망했다고 하니까.

맙소사. 거의 우리나라 인구의 절반이 죽은 거네요. 대체 왜 중세 유럽에서 그렇게 피해가 컸던 거예요?

흥미롭게도 도시의 성장과 관련이 있어. 13세기 후반이 되면, 유럽에서는 10년마다 약 300개 정도의 크고 작은 도회지가 생길 정도로 도시들이 급성장하기 시작해. 하지만 그렇게 생겨난 도시들은 대부분 감염병이 돌기 딱 좋은 환경이었지. 외부의 공격을 방어하기 위

베른트 노트케, 〈죽음의 무도〉(부분), 1463년경. 중세 말기에 죽음은 누구에게나 평등하다는 의미를
담은 그림이 유행했다.

해 높게 쌓은 성벽과 복잡한 성 내부 구조 때문에 환기
도 어려웠고, 그 안에서 가축도 같이 키웠으니까.

아리

어휴, 동물 분뇨 때문에 위생이 안 좋았겠어요. 게다가
인구가 밀집된 곳일수록 전파 속도가 빨라지니까 피해
도 당연히 클 수밖에 없었겠죠.

짠미

흑사병이 휩쓴 당시 유럽의 분위기를 담아낸 예술작품
이 많아요. 그중에서 1463년에 베른트 노트케가 그린
벽화 〈죽음의 무도〉나 1562년경 피터르 브뤼헐이 그린

〈죽음의 승리〉 같은 작품이 당시 유럽 사회의 분위기를 잘 보여주죠.

만두

와, 그림으로 보니까 스산한 분위기가 확 와닿는데요. 사람들이 해골하고 같이 춤을 추는 모습도 기괴해요.

요요

옷을 잘 보면, 귀족과 성직자들이란 걸 알 수 있어. 사실 아무리 큰 권력과 부를 지녀도, 흑사병이 가져오는 죽음 앞에선 자유로울 수 없었어. '죽음을 기억하라'는 라틴어 문구 '메멘토 모리'가 사람들 입에 오르내리기 시작한 것도 이 시기야. 지위를 막론하고 죽음 앞에 모든 사람이 평등하다는 생각도 이 시기에 싹텄지. 그런데 이 전염병에는 긍정적인 효과도 있었어.

만두

엥? 수천만 명을 죽인 전염병에 긍정적인 효과도 있다고요?

요요

흑사병으로 단기간에 인구가 급감하자 일손이 부족해져서 노동자들의 임금이 상승했고, 강력한 영향력을 행사하던 가톨릭교회도 전염병 앞에 무력한 모습을 보이면서 권위가 많이 떨어졌어. 마르틴 루터와 장 칼뱅에 의해 종교개혁이 일어난 것도 바로 이 시기야.

아리

흑사병이 북부 르네상스에도 영향을 끼쳤군요. 르네상스 인문주의가 이탈리아에선 문화예술로 꽃피었다면, 유럽 본토에선 종교개혁과 계몽주의에 영향을 주었잖아요.

종교개혁

1517년 마르틴 루터는 가톨릭교회의 면벌부 판매 등을 비판하는 「95개조 반박문」을 비텐베르크성 교회 대문에 내걸었습니다. 종교개혁의 본격 시작을 알린 사건이었죠. 이후 교회의 부패를 개혁하려는 움직임이 곳곳에서 거세게 일어났고, 유럽 여러 나라는 개신교(프로테스탄트)와 구교로 나뉘어 전쟁을 벌이기도 했습니다. 종교개혁은 교회의 권위를 무너뜨림으로써 근대의 문을 열었고, 독일어 성경의 보급으로 근대 독일어의 기반이 다져지는 등 역사적으로 막대한 영향을 끼쳤습니다.

원래 빛과 어둠은 함께한다고 할까? 심지어 페스트에 비견될 만큼 많은 사망자를 낸 스페인 독감도 전쟁을 멈춘 전염병이라고 평가받기도 해. 1918년 제1차 세계 대전 도중에 참전국들이 서둘러 휴전 협정을 맺은 이유 중 하나가 바로 스페인 독감이거든.

독감이 제1차 세계대전을 끝냈다고요? 어떻게요?

당시 세계 인구가 약 18억 명 정도였는데 그중 3분의 1, 즉 6억 명 이상이 스페인 독감에 걸렸거든. 또 감염자 중에서 4000만 명에서 5000만 명 정도 되는 사람들이 목숨을 잃었어. 제1차 세계대전 사망자가 800만 명 정도임을 생각하면 정말 많은 사람들이 희생된 거지.

전쟁보다 독감이 더 무서웠군요. 멀리 우리나라에도 널리 퍼졌던 전염병이라는 건 알고 있었는데, 너무 끔찍하네요.

독일을 중심으로 한 동맹국과 영국, 프랑스, 러시아가 연합한 협상국 모두에서 스페인 독감이 크게 유행했어. 심지어 당시 일제강점기였던 우리나라에서도 약

왜 '스페인 독감'이라 부를까?

스페인 독감이라고 하면 발생국이 스페인일 거라 생각하기 쉽지만, 사실 그렇지 않습니다. 당시엔 제1차 세계대전으로 각국의 정보가 엄격하게 통제된 반면, 당시 중립국이었던 스페인은 정보가 통제되지 않았죠. 이 때문에 전염병 소식이 널리 퍼져 나갔고, 결국 스페인이 발생국인 것처럼 인식되면서 불명예스러운 이름이 붙게 됐습니다.

14만 명 정도가 사망한 걸로 추정돼.

짠미

화가 구스타프 클림트와 에곤 실레, 시인 기욤 아폴리네르처럼 유명한 예술가들도 스페인 독감에 걸려 삶을 마감했어요. 에드바르 뭉크는 스페인 독감에 걸렸다가 간신히 회복한 후 〈스페인 독감 후의 자화상〉이라는 작품을 남기기도 했고요.

조선시대에는 전염병이 퍼지면
어떻게 대응했을까요?

정조는 홍역에 대처하기 위해
임금 전용 금고를 열어 예산을 충당했습니다.

또한 환자와 의료진의 접촉을 줄이기 위해
경증 환자는 상담만 하도록 조치했습니다.

홍역 관리 매뉴얼을 만드는 등 정조의 선제 대응으로
홍역은 두 달 만에 종식될 수 있었습니다.

스페인 독감은 인류에게 큰 교훈을 남겼어. 살아남은 사람들은 백신으로 독감을 예방하려 애썼지. 미국에서는 마스크 착용 의무화 조치를 시행하기 시작했고.

지금 우리가 의무적으로 마스크를 쓰는 것과 비슷하네요. 코로나19 때문에 손 씻는 습관이 널리 퍼지고 감기 환자도 준 것처럼, 전염병 유행 덕에 전 세계적으로 위생 개념이 개선된 부분도 있네요.

맞아. 공중위생의 중요성을 절실히 깨닫게 한 전염병도 있어. 바로 콜레라야. 콜레라는 오염된 물과 음식 등을 섭취할 때 전염되거든. 콜레라가 크게 유행했던 19세기의 영국은 아직 하수구와 오수 처리 시설이 잘 갖춰지지 않았어. 배설물을 포함한 온갖 오수가 템스강으로 흘러갔지.

맙소사. 그 물이 다시 상수도로 들어가서 식수로 쓰였을 거 아니에요?

그렇지. 콜레라는 비위생적인 환경으로 인해 많은 사람이 고통받았던 대표적인 질병이야. 한번 감염병이 시작되면 같은 물을 사용하는 주변 지역이 완전히 초토화되지.

아리

콜레라에 걸리면, 심하면 하루에 10리터까지 온몸의 물을 콸콸 쏟아낼 만큼 극심한 설사와 구토 증상을 보인다고 하던데, 정말 끔찍한 병이에요.

요요

흑사병이나 스페인 독감만큼이나 괴롭고 무서운 병이야. 콜레라에 걸린 사람 중에는 유명한 사람도 많은데, 대표적으로 독일의 철학자 게오르크 헤겔이 콜레라로 사망했지.

만두

어휴, 그럼 콜레라가 왜 발생했는지, 어떻게 해야 전염되지 않는지는 어떻게 알게 된 거예요?

요요

콜레라의 원인을 발견한 건 19세기 영국 의사 존 스노야. 그때까지도 사람들은 감염병이 나쁜 공기 때문에 발생한다고 생각했거든. 하지만 스노는 생각이 달랐어. 한 건물에 사는 주민인데도 누구는 콜레라에 걸리고 누구는 걸리지 않은 게 이상했거든. 그래서 그는 진짜 원인을 찾기 위해 사망자가 나온 지역을 지도로 작성해서 살펴봤어. 그러다 한 지역에서는 환자가 한 명도 나오지 않은 것을 발견했지. 거기서 따로 우물을 파서 생활하고 있었다는 걸 알면서, 콜레라의 매개가 오염된 물이란 확신을 얻게 된 거야.

그러면 콜레라 때문에 도시의 하수도 시스템이 개선된 거군요?

맞아. 영국은 콜레라 대유행 이후 공중위생법과 공공의료법도 만들었어. 도시에 샤워 시설을 설치하고 욕조를 보급하는 일에 힘썼고. 지금도 소위 '선진국'에서는 안전한데, 아직 상하수도의 정비가 제대로 갖춰지지 않은 빈곤 지역에서는 콜레라의 유행이 계속되고 있어. 도움의 손길이 간절한 부분이야.

이번 팬데믹도 그렇고, 전염병은 한번 터졌다 하면 쉽게 사라지지 않는 것 같아요. 우리도 이 어려운 상황을 극복하고 나면, 세상이 좀 더 살기 좋게 변해 있기를!

1부. 무심코 떠오른 질문에서 펼쳐지는 시대의 풍경

세균과 바이러스는 어떻게 다를까?

감염성 질병을 일으키는 주요 원인은 세균과 바이러스입니다. 우리는 이 둘을 크게 구별 짓지 않지만 사실 구조와 증식 방법부터 치료법까지 서로 다릅니다. 먼저 세균은 단세포생물로서 독립된 하나의 존재입니다. 사람의 몸속뿐 아니라 땅, 물, 공기 등 먹이가 공급되는 장소라면 세포 분열을 할 수 있죠. 세균이 원인인 감염병으로는 페스트, 콜레라, 결핵 등이 있습니다. 세균 중에는 병을 일으키는 나쁜 세균도 있지만, 유산균과 같은 유익균도 있죠.

세균이 스스로 증식하는 데 비해, 바이러스는 다른 생물에 의지하지 않으면 살아남지 못합니다. 그래서 동물이나 식물 등의 숙주가 필요하죠. 크기도 매우 작아 세균의 50분의 1 수준으로 생물과는 완전히 별개의 존재입니다. 바이러스는 다른 숙주 생물의 세포 속에 들어가 영양을 마구 사용하면서 자신의 유전물질을 집어넣어 복제합니다. 코로나19, 인플루엔자, 에이즈 등이 대표적인 바이러스성 감염병에 속합니다.

앓고 나면
달라 보이는
유명인의 흑역사

6

위인들의 실제 인성은
어땠을까?

알고 보니 성격 파탄? 역사적 인물들의 성격 이야기

 어렸을 땐 〈엘리제를 위하여〉 정도는 그냥 눈 감고도
만두 쳤던 것 같은데, 요즘에 다시 치려니까 잘 안되더라고
요. 생각보다 어려운 곡이었어….

 곡이 우리에게 워낙 익숙해서 누구나 쉽게 칠 수 있을
요요 것 같지만, 감성까지 담아서 연주하는 건 당연히 어렵
지. 나 같은 천재는 돼야 베토벤의 음악을 이해할 수

　　　　　　　　　　2부. 알고 나면 달라 보이는 유명인의 흑역사

있다고나 할까?

만두

품! 지금 스스로를 베토벤이랑 비교하는 거예요?

아리

아냐, 비슷한 점 있는 거 같아! 책에서 봤는데, 베토벤은 자주 찾던 식당 종업원에게 그렇게 개진상을 부리곤 했대. 맛없으면 종업원 얼굴에 음식을 집어 던지기도 했고. 동료 음악가들이 자기 곡을 안 좋게 평가하면 "한심한 인간 따위가 음악의 신에게 감히 훈수를 둔다"면서 욕도 하고 다녔다던데?

만두

다시 보니 베토벤이랑 팀장님 공통점이 많은 거 같네요.

요요

웃자고 한 얘기였는데 모두들 작정하고 까는 걸 보니, 평소 내 모습을 돌아보게 되네….

아리

당시 베토벤과 자주 교류했던 작가 베티나 브렌타노가 다른 친구에게 썼던 편지를 보면 이런 내용도 남아 있다고 해요. "베토벤은 자신의 권력이 황제보다 위라고 생각하는 것이 분.명.하.다."

청력을 잃었음에도 수많은 명곡을 써냈던
위대한 음악가 베토벤.

그러나 베토벤은 아름다운 곡을 쓰고 연주한 손으로
걸핏하면 하인들을 때렸다고 합니다.

2부. 알고 나면 달라 보이는 유명인의 흑역사

실제로 그의 집 하인들은
계속되는 베토벤의 손찌검을 매우 무서워했고요.

청력을 잃기 시작할 때쯤에는
크게 말하라고 소리치며 더욱 흉포해졌다고 하죠.

만두

베토벤은 살아생전에도 많은 이의 존경을 한 몸에 받는 작곡가였으니 자부심이 넘쳤나 봐요. 근데 왠지 예술가 중에는 성격이 별난 사람들이 많은 거 같아요. 다른 사람이 또 있을까? 혹시 짠미가 잘 알려나?

짠미

화가 중에서 괴팍한 사람 하면 바로 떠오르는 사람이 있죠. 알코올 중독자인 데다 감정 조절을 잘 못했던 빈센트 반 고흐요. 흔히 고흐와 고갱을 이야기할 때면 반 고흐가 피해자였다고 생각하기 쉬운데, 실제로는 고흐도 만만치 않았다고 해요. 뭐, 고갱이 본인 입장에서 말한 거긴 하지만, "고흐가 던진 유리잔에 맞을 뻔한 적이 한두 번이 아니다"라고 회고하기도 했고요.

만두

고흐 하면 떠오르는 그림 있잖아요. 자기 귀를 자르고 붕대로 감싼 자화상! 대체 어떻게 된 일인가요. 누가 범인인 거예요? 고갱 아니면 고흐?

짠미

여러 가지 설이 있지만, 고갱의 회고에 따르면 고흐가 스스로 화풀이한 거라고 해요. 고흐의 괴팍한 성격에 질려버린 고갱이 떠나려고 하자 고흐가 거의 죽일 기세로 면도날을 들고 뒤쫓아 갔는데, 결국 제 성질에 못

2부. 알고 나면 달라 보이는 유명인의 흑역사

빈센트 반 고흐, 〈귀에 붕대를 감은
자화상〉, 1889년

이겨서 자기 귀를 잘라버렸다고요.

아리

어떤 TV 프로그램에서는 고갱이 펜싱 검으로 잘랐다
고 하던데, 뭐가 맞는 말이죠?

요요

기록이 없으니 정확한 진실은 알 수 없지. 다만 반 고
흐가 다혈질인 건 분명한 것 같아. 술집에서 고래고래
고함을 지르고 그릇을 마구 깨뜨리는 행패도 자주 부
렸거든. 극심해지는 알코올 중독 증세에 발작과 우울
증 등으로 병원 입원도 굉장히 자주 했지.

짠미

고흐가 입원했던 아를과 생레미의 정신병원은 지금도 관광지로 유명해요. 생레미에서는 〈별이 빛나는 밤〉, 〈사이프러스 나무〉 같은 걸작들을 많이 남겼죠.

만두

역시 예술가들 성격이 좀 그런 거 맞죠? 자기만의 세계에 빠져서는 주변 사람들이랑 싸우기나 하고 말이야.

가난한 예술가들이 사랑한 술, 압생트

고흐, 피카소, 헤밍웨이, 랭보 등 예술가들이 즐겨 마신 술로 유명한 압생트는 '녹색 요정', '녹색의 악마'라는 별명으로도 불립니다. 압생트에 취한 반 고흐가 환각을 보고 귀를 잘랐다는 이야기가 널리 퍼지며 이 술은 더욱 유명해졌습니다. 20세기 들어 압생트를 마시면 환각을 보게 되고 시신경이 파괴될 수 있다는 주장이 힘을 얻어 제조와 판매가 금지됐지만, 근거가 없는 것으로 밝혀지면서 20세기 후반부터 다시 판매되고 있습니다.

2부. 알고 나면 달라 보이는 유명인의 흑역사

사실 괴팍한 성격은 예술가만의 특성이라고 하긴 어려워. 모든 예술가가 그런 것도 아니고. 철학자를 예로 들어볼까? 위대한 철학자로 알려진 이마누엘 칸트도 성격이 별났는데, 식구들이 집 안에서 작은 소리라도 내면 시끄럽다면서 굉장히 민감하게 반응했다고 해. 온 식구가 까치발로 걸어 다니고, 속삭이면서 대화해야 했다고.

헐. 같이 사는 가족들까지 눈치를 보게 만드는 사람 완전 극혐. 혹시 철학을 공부하면 인성에 문제가 생기는 거 아니에요? 팀장님도 철학과잖아요.

너 그거 완전히 편견이라니까? 어디 보자. 문인 중에서도 성격이 특이한 사람은 많았는데, 『파우스트』로 유명한 대문호 요한 볼프강 폰 괴테도 집안에서는 거의 폭군이었다고 해. 결혼해서 분가한 아들에게 매일 아침 문안 인사를 시켰고, 만찬이 있는 날이면 자신을 대신해 사람들 앞에서 축시를 낭독하게 했지. 아들은 아버지에게 증오심까지 가질 정도였고, 고작 마흔 살에 알코올 중독으로 세상을 떠났어.

가족한테 대접받길 좋아하는 사람이었구나…. 다른 사람들에게는 어땠어요? 역시 비슷했으려나?

괴테는 자신과 생각이 달랐던 아이작 뉴턴에 대해 공공연하게 분노를 표현했어. 당시 뉴턴은 색을 인간의 지각과 관련 없는 객관적 현상으로 여겼는데, 괴테는 색이 빛과 눈 사이의 심리적 현상이라고 반박했지.

웅? 잠깐만요. 둘은 살아간 시기가 다르지 않나요? 뉴턴은 1643년에 태어나 1727년에 죽었고, 괴테는 1749년에 태어나 1832년에 죽었네요.

맞아. 뉴턴은 괴테가 태어나기도 전에 죽어 있었어. 괴
테의 견해를 담은 『색채론』은 뉴턴의 이론에 비하자면
한 세기도 더 지난 뒤에 출판되었고, 현대 물리학의 관
점에서는 틀린 견해가 더 많지. 오히려 얼굴 보고 만날
수 있는 사람이 아니어서 그랬는지, 괴테는 뉴턴을 '허
깨비'라고 부르며 그의 이론에 대해 '구역질 난다'고
평가하기까지 했지.

그렇게 심하게 말할 건 뭐야? 진짜 감정이 앞서는 사
람이긴 하네요.

인류의 세계관을 완전히 뒤바꿀 정도로 과격한 주장을
했던 사람인데, 실제 성격은 소심해서 반전인 사람도
있어. 바로 진화론을 주장한 생물학자 찰스 다윈이지!
모두 잘 알다시피, 다윈 이전에는 신이 인간을 비롯한
만물을 처음부터 온전한 모습으로 만들었다는 창조론
을 주로 믿었는데, 다윈의 진화론은 이걸 완전히 뒤집
는 주장이었어. 인간도 다른 동물들처럼 오랜 진화 과
정을 통해 탄생했다고 주장한 거니까.

아리

당시로서는 너무 급진적인 주장이라, 다윈을 원숭이랑 합성해서 조롱하는 만평이 실리기도 했다면서요. 그런데 학계나 주변 사람들의 비방과 조롱에 굴하지 않고 대담한 생각을 유지하기 위해서는, 자기 의견에 대한 엄청난 확신과 배짱이 있어야 하지 않나요?

요요

재미있게도 다윈에게는 확신과 배짱 둘 다 없었어. 오히려 그는 수십 년 동안 자신의 이론을 의심하고 또 의심했다고 해. 케임브리지 대학교를 졸업한 1831년 이후 영국 해군의 탐험선을 타고 5년 동안 세계 일주를 다녀온 뒤, 책을 집필하기까지 엄청 긴 시간이 걸렸거든. 35쪽 분량으로 초고를 쓴 게 1842년이고, 그걸 바탕으로 230쪽 원고가 탄생한 건 1844년이었어. 그 후로도 그의 의심은 10년 넘게 지속되었지.

만두

뭐가 그렇게 고민이었을까요? 뭔가 세상을 뒤집을 새로운 이론을 만들었다고 하면, 빨리 알리고 싶을 것 같은데.

요요

당시엔 기독교적 세계관이 워낙 강력했는데, 다윈의 이론은 완전히 반대에 있는 입장이었으니까. 아무래도

2부. 알고 나면 달라 보이는 유명인의 흑역사

다윈과 『종의 기원』

1871년 당시 찰스 다윈을 원숭이에 빗대서 풍자한 영국의 신문 만평

다윈 이전에도 수많은 학자가 생물 진화에 대한 여러 이론을 주장했습니다. 하지만 끝까지 살아남은 것은 "가장 강하고 똑똑한 것이 살아남는 게 아니라, 변화에 가장 잘 적응하는 것이 살아남는다"라는 다윈의 자연선택설이었죠. 그의 이론은 생물학을 넘어서 역사학과 사회학 등 많은 분야에 커다란 영향을 끼쳤습니다.

조심스러웠을 거야. 다윈은 평소 몸도 약하고 만성피로를 앓고 있어서 하루에 4시간밖에 일하지 못했다고 해. 조금만 무리하거나 불규칙하게 생활하면 심한 두통을 앓았고 졸도하기도 했지.

만두

그래서 소심… 아니 신중한 다윈은 언제 자기 이론을 발표하나요?

요요

초안을 작성한 때로부터 16년이 지난 1858년에야 비로소 준비를 다 마쳤어. 그리고 마침내 1859년, 다윈은 한 권의 책으로 세상을 요동치게 했지.

만두

사상은 급진적인데 태도는 굉장히 신중했네요. 책 한 권을 20여 년이나 걸려서 쓰다니.

요요

물론 그 오랜 세월 동안 달랑 책 한 권만 쓴 건 아니지만, 어쨌든 다윈은 진화론을 그만큼 신중하게 연구하고 정리한 거지.

짠미

다윈의 아내 에마 웨지우드는 그 유명한 웨지우드 도자기 집안이었죠?

2부. 알고 나면 달라 보이는 유명인의 흑역사

역시 문화계 쪽은 짠미가 꽉 잡고 있구나? 집안이 모두 부유했던 것도 오래 연구를 할 수 있었던 비결이었지. 이번엔 동양 쪽 인물을 살펴볼까? 우리에게 굉장히 익숙한 인물이면서, 동시에 반전 이미지를 지닌 인물이 있어. 바로 퇴계 이황이야. 만두, 이황은 어떤 분이지? 그리고 돈에 대해서는 어떻게 생각했을까?

1000원짜리 지폐에 있는 분이잖아요. 율곡 이이와 함께 조선 성리학을 발전시킨 대학자이고… 돈에 대해서는 왠지 별 관심 없었을 거 같은데요?

최근에 영상에 쓸 자료 구하면서 봤었는데…. 아, 찾았다! 이황이 쓴 『성학십도』에 이익을 경계하라는 구절이 있네요.

부동심(不動心)에 이르러야 부귀가 마음을 음탕하지 못하게 하고, 빈천이 마음을 바꾸게 하지 못하며 (…) 도가 밝아지고 덕이 세워짐을 알 수 있을 것이다.

맞아. 하지만 반전이 있지. 이황은 그런 글을 남기긴 했지만, 사실은 투자에 엄청난 관심이 있었어. 그가 자

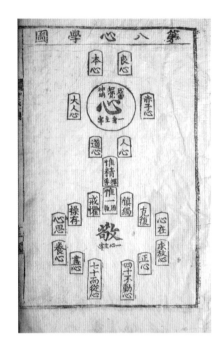

『성학십도』 중 제2 심학도. 1568년 12월, 퇴계 이황은 열일곱의 어린 나이에 왕위에 오른 선조에게 『성학십도』를 올리면서, 백성들에게 선정을 베풀기를 바라는 마음을 전했다.

출처: 한국학중앙연구원

식에게 물려준 땅만 36만 평 정도라고 해. 대략 여의도의 절반 가까이 되는 면적인 거지.

아리

그냥 원래부터 갖고 있던 땅이 많았던 거 아니에요? 조선시대 양반들은 다 부자였으니까요.

요요

그런 점도 있는데, 이황이 아들에게 남긴 편지들을 보면 재산을 늘리려고 얼마나 노력했는지 알 수 있어. 조

2부. 알고 나면 달라 보이는 유명인의 흑역사

선시대 양반의 재산은 크게 땅과 노비였거든. 그중에서도 이황은 노비를 늘리는 데 굉장히 관심이 많았어. 그래서 자신의 노비와 평민(양인)을 결혼시키려고 애썼지.

만두

엥? 재산을 늘리는 거랑 노비를 평민이랑 결혼시키는 거랑 무슨 상관이에요?

아리

저 알아요! 당시 법 때문이죠? 일천즉천, 부모 중 한 사람만 노비여도 자식도 노비가 되는 규칙 때문에!

요요

맞아. 조선은 일천즉천에 노비종모법까지 채택하고 있어서 노비끼리 낳은 자식은 어머니 쪽에 '소유권'이 있었지. 그래서 남자 종을 가진 집안은 어떻게든 노비가 아닌, 양인 처자와 결혼을 시키려고 했어. 그래야 그 사이에서 태어난 자식이 어머니 쪽이 아니라 자신의 노비가 되니까. 앞에서 말한 편지에서 이황은 그런 방법들로 '재산'을 늘리는 데 신경을 쓰라고 말한 거야. 사실 당시로서는 크게 특별한 일은 아니었지만, 일반적으로 이황이 가지고 있는 고고한 학자의 이미지를 생각하면 굉장한 반전이지.

만두

솔직히 좀 실망이에요. 욕심을 경계하라는 얘기도 그 냥 다 말뿐이었던 건가요?

요요

뭐, 너무 실망할 필요는 없어. 시대적 한계라는 것도 있고, 세상에 흠이 없는 사람은 없으니까. 사실 위인이 되려면 치열하게 경쟁할 수밖에 없고, 또 그만큼 단점 도 사람들한테 많이 노출될 수밖에 없잖아? 그러니까 차라리 만두처럼 역사에 이름을 남기지 못하고 조금 덜 위대하게 사는 것도 괜찮아!

만두

음, 지금 그 말 칭찬 맞죠?

2부. 알고 나면 달라 보이는 유명인의 흑역사

유명해지기 위해 기행을 일삼은 살바도르 달리

녹아내리는 시계, 거미처럼 얇은 다리로 걷는 코끼리, 역동적이면서 괴이한 몸짓 등을 화폭에 담아내며 환상과 현실의 경계를 넘나들었던 초현실주의 예술가 살바도르 달리(1904~1989년). 그의 작품은 끊임없이 화제를 불러일으키며, 현대 예술가들에게 많은 영향을 끼쳤습니다. 어느 가게에서나 쉽게 볼 수 있는 츄파춥스 사탕의 로고를 디자인한 작가이기도 하고요.

그런데 달리는 독특한 그림 스타일뿐 아니라 광기 어린 기행으로도 유명했습니다. 세심하게 위로 말려 올라간 특유의 콧수염을 기르고 이를 "신의 메시지를 수신하는 안테나"라 칭했으며, 폭탄 머리로 롤스로이스를 타고 시내를 질주하거나 애완용 강아지처럼 목줄을 맨 개미핥기 두 마리와 산책을 즐기기도 했죠.

달리는 작품에 에너지를 쏟는 만큼, 아니 어쩌면 그보다 더 많은 에너지를 자신을 알리는 데에 쏟았습니다. 그의 도발적인 행동으로 인해 함께 활동하던 초현실주의 그룹에서 제명당하기도 했지만, 결과적으로 그는 그런 행동들로 더욱 유명해졌습니다. 요즘 말로 '기믹'(대중의 관심을 끌기 위해 사용하는 특이한 전략, 또는 그 전략에 이용되는 독특한 특징)이라고 할까요?

7

나치에 '빅엿'을 먹인
위대한 사기꾼

역사를 뒤흔든 가짜 예술가와 위작 스캔들

만두

혹시 NFT가 뭔지 잘 아는 사람 있어요? 요즘 어딜 가든 NFT 어쩌고 하는데, 도저히 뭔지 모르겠어요.

요요

NFT는 말이야. '대체 불가능한 토큰(Non-Fungible Token)'의 약자야. 블록체인에 저장된 데이터를 통해 고유성과 희소성을 보장받을 수 있는 거지.

아리

에이, 그렇게만 말하면 누가 알아들어요? 솔직히 팀장 님도 잘 몰라서 사전에 있는 대로 그냥 읽은 거죠?

요요

엉, 어떻게 알았지….

아리

저도 잘 모르지만 대략 설명하자면, NFT는 디지털 자산의 소유권을 시스템적으로 보증해 주는 거예요. 작가가 NFT 파일을 만들면 작품에 대한 기록뿐 아니라 판매 기록도 남잖아요? 그 기록을 블록체인 기술을 통해 누구도 변경할 수 없도록 만든 거죠.

만두

아하! 그렇게 하면 디지털 파일도 일반 예술작품처럼 작가가 만든 정품인지 아닌지, 언제 만들어지고 누구한테 판매됐는지 확실하게 알 수 있겠네요?

아리

사실 디지털 세계에서는 가짜냐 진짜냐를 그렇게까지 중요하게 구분하지 않기는 해. 이제는 가상에서도 현실과 똑같이 정치·경제·사회·문화 활동을 할 수 있는 메타버스 시대니까!

만두

근데 저 궁금한 게 또 생겼어요! 왜 예술작품에서는 그 작품이 정품인지 아닌지 또 어느 시기에 제작됐는지 중요하게 따지는 걸까요? 그냥 똑같은 복제품이면 똑같은 가치가 있는 거 아닌가?

짠미

아무래도 예술 분야에서는 작가만의 고유성이 중요하니까요. 원작과 위작을 따지는 게 중요할 수밖에 없을 거 같아요. 그래서 위작 논란으로 전 세계 미술관이 발칵 뒤집어진 적도 많았죠.

만두

오, 그 얘기 재미있을 거 같은데요? 대체 어떤 일이 있었어요?

짠미

인류 역사상 최고의 위작 화가, '위작의 마술사'라고 불리는 벨트라키 부부의 얘기예요. 남편이 위작을 그리면 아내가 그걸 정품으로 속여서 비싸게 팔았다고 하는데, 제작부터 판매까지 부부가 한 팀이 된 거죠. 특히 수법이 굉장했는데, 원작이 그려진 시대의 재료를 사용한 것은 물론이고, 원작자가 그림을 그렸을 법한 장소를 찾아가서 그가 그리던 순서나 기법을 따라 그림을 그렸다고 해요. 작가가 원작을 그리는 데 2박 3

2부. 알고 나면 달라 보이는 유명인의 흑역사

일이 걸렸다면 위작도 2박 3일 걸려서 완성했고, 원작자가 비 오는 날에 그림을 그렸던 작가라면 자신도 비 오는 날까지 기다릴 정도였다고 하죠.

만두

거의 원작 화가에 빙의해서 그린 거 아닌가요? 그 정도로 눈물겹게 노력했는데도 어쩌다가 들킨 거예요?

짠미

정말 우연한 일이었다고 해요. 그가 그린 위작을 구매한 한 미술관에서 형식적인 판별 검사를 했는데, 하필 작품에 쓰인 한 원료가 원작자가 작품을 그렸던 곳에서는 구할 수 없는 원료였던 거죠. 작업을 진행한 판별가도 그 결과를 믿을 수 없었다고 하는데, 그 작품은 거의 600만 유로, 약 100억 원이 넘는 거액에 구입한 작품이었거든요.

아리

맙소사. 그런 큰돈을 썼는데 위작을 구입했다는 사실이 밝혀지면…. 작품을 구입할 때 위작 검사를 철저히 진행하지 않은 건가요? 미술관에 대한 신뢰도가 많이 떨어졌겠어요.

볼프강 벨트라키는
원작자에 빙의해서 그림을 그렸습니다.

원작자가 사용한 재료는 물론
제작 환경도 동일한 조건으로 유지했죠.

2부. 알고 나면 달라 보이는 유명인의 흑역사

범죄가 밝혀진 후 미술계는 발칵 뒤집혔습니다.
심지어 그의 징역 판결문에는

위작 목록과 유통 수량을
비밀로 하는 조항도 있었습니다.

짠미

맞아요. 미술관의 명성은 바닥에 떨어져 버렸죠. 그런데 문제는 그가 그린 위작을 가진 미술관이 한두 곳이 아니었던 거예요. 그래서 판결문에는 그가 무슨 짝퉁을 얼마나 그렸는지 비밀을 누설하지 못하도록 하는 조항도 있었죠. 일단 지금까지 밝혀진 것만 약 300여 점 정도인데, 벨트라키는 지금도 코웃음을 치면서 이렇게 말하고 다닌대요. "유명한 미술관에는 모두 내 작품이 하나씩은 걸려 있지."

만두

와, 미술관에서 보고 감동한 작품이 짝퉁일 수도 있다니…. 정말 상상하기 싫네요. 모르는 게 약이겠는데요.

요하네스 페르메이르, 〈진주 귀걸이를 한 소녀〉, 1665년. 페르메이르의 대표작으로 꼽히는 이 작품은 '북유럽의 모나리자'로 불리며 많은 사랑을 받는 작품이다.

출처: 헤이그 마우리츠하위스 미술관

요요

다른 의미로 세상을 놀라게 한 위작 사건도 있어. 제2차 세계대전이 끝난 1945년, 독일의 한 소금광산에서 명화 6750여 점이 발견됐지. 나치의 2인자로 군림했던 헤르만 괴링의 사유지였는데, 그중에는 다들 잘 알고 있는 〈진주 귀걸이를 한 소녀〉로 유명한 네덜란드 화가 요하네스 페르메이르의 미공개 작품들도 있었지.

짠미

페르메이르 작품이요? 평생 서른 점 정도의 그림밖에 안 남겼다고 알고 있는데, 어떤 작품이었어요?

판메이헤런이 그의 마지막 위작인 〈성전에서 설교하는 어린 예수〉를 그리는 장면. 이 재판을 계기로 그는 세계적인 관심을 받게 된다.

출처: GaHetNa, Nationaal Archief NL

요요

그 작품은 바로 〈간음한 여인과 그리스도〉라는 작품인데, 놀라운 건 그게 결국 위작으로 밝혀진 거야! 재미있는 건 그 사실이 들통난 과정인데, 잘 들어봐. 당시 네덜란드 사람들은 대화가인 페르메이르의 미공개 작품을 찾아냈다며 열광했고, 이내 그림이 나치에 흘러들어 간 과정을 조사하기 시작했다고 해. 그리고 판메이헤런이 그 작품을 반출한 범인이라는 게 밝혀졌지! 재판정에 불려간 그는 국보급 화가의 작품을 적에게 넘긴 셈이니 매국 행위로 사형까지 받을 수 있었어. 그런데 거기서 그는 놀라운 말을 해. 〈간음한 여인과 그리스도〉는 페르메이르가 아니라, 본인이 직접 그린 위작이라고 말이야.

2부. 알고 나면 달라 보이는 유명인의 흑역사

만두

사람들이 그 말을 믿었을까요? "살려고 말도 안 되는 거짓말을 다 하네?"라고 생각했을 것 같은데요?

요요

처음에는 아무도 그의 말을 믿지 않았지. 결국 법원은 그에게 위작 사실을 증명해 보이라고 했고, 판메이헤런은 엄중한 감시 아래 페르메이르 스타일의 새로운 작품들을 그려냈어. 그리고 그 그림은 전문가들도 반박할 수 없을 정도로 완벽했지!

만두

재판이 완전히 새로운 국면에 접어들었겠는데요? 판결은 어떻게 났어요?

요요

최종적으로는 사기죄로 2년 형을 선고받았긴 했어. 그런데 판메이헤런은 매국노라는 비난에서 벗어나서 괴링에게 한 방 먹인 민족 영웅으로 대스타가 되었지. 판메이헤런의 다른 위작들도 가격이 뛰어서 미친 듯이 팔려나갔다고 하고.

아리

와우, 위작의 힘이 정말 대단한데요?

 예술계를 비판하기 위해 일부러 위작을 그렸던 작가도 있었어. 톰 키팅은 화가로서 자신의 작품이 인정받지 못하는 것에 크게 실망한 뒤 위작을 미술관에 판매하기 시작했어. 소위 미술계에서 '전문가'라는 사람들이 얼마나 쉽게 속아 넘어가는지를 폭로하려고 한 거지.

 톰 키팅은 위작의 역사에서 거의 전설 같은 사람이죠. 원래 미술품 보존처리사였거든요. 보존처리 일을 하려면 작품에 사용된 물감뿐 아니라 화학 지식도 많이 알아야 하잖아요. 그 지식을 활용해서 무려 100여 명이 넘는 유명 작가를 모방한 2000여 점 정도의 짝퉁을 만들었다고 해요.

2부. 알고 나면 달라 보이는 유명인의 흑역사

아리

그런데 아무리 목적이 따로 있었다고 해도 위작을 만든 건 범죄잖아요? 처벌을 받지는 않았어요?

요요

위작을 만든 혐의로 재판을 받기도 했지만, 톰 키팅은 자기 작품이 위작이라는 증거를 그림 곳곳에 남겼기 때문에 사기죄는 성립되지 않고 무죄 판결을 받았어. 그의 작품에는 조금만 들여다보면 쉽게 위작임을 알 수 있는 장치들이 있었거든.

만두

작품에 어떤 증거를 남겨뒀는데요?

요요

우선 그림을 그리기 전에 캔버스에 연백으로 자신이 그렸다는 표식을 남겼지. 연백은 눈에는 보이지 않지만, 성분 분석을 위해 엑스선 촬영을 하면 보이거든. 또 그는 일부러 원작자가 쓰지 않았던 물감을 썼어. 예를 들어 가난한 인상주의 화가들이 죽어도 구할 수 없었던 비싼 물감을 구해서 그림을 그렸지.

짠미

사람들은 권위에 맞선 그를 매력적인 사기꾼이라고 생각해 호감을 느끼게 되었고, 위작이 아닌 그의 '진짜 작품' 가격도 급상승했어요.

만두

위작을 그린 건 잘못이긴 하지만, 사실 알아보기 힘들 정도로 잘 그렸다면 그것 나름대로 가치가 있는 것 같기도 해요. 예술의 중요한 역할은 세상의 일반적인 시선이나 가치에 의문을 제기하고 상식을 비틀면서 영감을 주는 거니까!

요요

일리 있는 말이야. 그런 의미에서 오는 주말에 시간 되면 다들 미술관에 들러보는 것도 좋겠다!

짝퉁 덕분에 부활한 〈최후의 만찬〉

위작, 즉 짝퉁 그림은 원작 화가는 물론 미술계에 막대한 피해를 주는 것이 대부분입니다. 하지만 역설적이게도 오히려 짝퉁의 덕을 봤던 작품도 있었습니다. 바로 레오나르도 다빈치의 〈최후의 만찬〉인데요. 원래 밀라노의 한 수도원 식당의 벽화로 그려졌던 이 작품은 상당히 많은 수난을 겪었습니다. 프랑스의 밀라노 침공으로 다빈치가 그림을 완성하지 못한 채 피난을 떠난 적도 있었고, 나폴레옹의 군대가 이탈리아를 점령했을 때 열두 제자의 얼굴이 훼손되기도 했죠. 큰 홍수도 겪었고, 제2차 세계대전 당시에는 수도원에 포탄이 떨어지기도 했습니다.

그림이 거의 보이지 않을 지경까지 훼손돼서, 1977년 미술 역사상 최대 복원 작업에 들어가게 됩니다. 이전에 진행된 복원 작업에서 잘못 덧칠된 물감들을 걷어내고 보니, 원본 그림은 얼마 남아 있지도 않았죠. 이때 복원에 큰 도움을 준 것이 바로 짝퉁이었습니다. 다빈치의 대표작 중 하나였던 만큼, 이 작품은 그동안 수많은 사람이 모작을 그렸는데요. 이런 모작들을 연구해서 원작을 복원했던 거였죠. 만약 수많은 〈최후의 만찬〉 짝퉁이 없었다면, 세기의 걸작은 영영 사라졌을지도 모릅니다.

8

취미생활로 10조 넘게
탕진한 재벌이 있다?

지금도 피렌체를 먹여 살리는 메디치가 이야기

 룰루, 내년 생일에 피렌체에 가려면, 이번 달부터는 적
금을 더 부어야겠다.

 아직 팬데믹도 안 끝났는데 해외여행 준비하는 거야?
그리고 왜 하필 생일에 피렌체야? 이탈리아는 생일이
아니더라도 언제나 멋진 곳인걸?

2부. 알고 나면 달라 보이는 유명인의 흑역사

만두

팀장님, 『냉정과 열정 사이』 소설 안 보셨죠? 거기서 주인공 준세이랑 아오이가 헤어지고도 서로를 잊지 못하거든요. 그런데 아오이의 서른 살 생일날 피렌체 대성당에서 만나기로 한 약속을 둘 다 기억하고 있어서, 운명처럼 다시 만나게 돼요. 그 장면이 정말 로맨틱해서 저도 생일날 피렌체에 가는 게 버킷리스트였어요.

요요

음, 그렇구나. 그런데 만두한테는 준세이가 없잖아. 내년에도 쉽게 생길 것 같진 않은데?

만두

아, 뭐래. 그냥 책 읽으면서 저랑 한 약속이거든요?

짠미

커플이든 아니든 두오모, 피렌체 대성당에는 정말 꼭 가볼 필요가 있어요. 대성당의 돔 부분이 너무 아름다운데, 또 벽돌로 만든 돔 중에서는 세계에서 가장 큰 규모거든요. 직접 보면 돔을 완성한 공학 기술이 얼마나 뛰어난지 바로 느낄 수 있을 거예요.

요요

맞아. 그 돔 말인데, 브루넬레스키가 돔을 완성하기까지 어떤 흥미로운 일들이 있었는지 알고 싶지 않니?

피렌체 대성당. 정식 명칭은 산타 마리아 델 피오레 대성당으로, 흔히 '두오모(대성당)'라고 하면 이 성당을 뜻한다. 15세기 필리포 브루넬레스키가 만든 세계에서 가장 큰 돔으로 유명하다.

출처: Peter Teoh

아리

일하기 싫어서 다들 아주…. 뭐, 그래도 궁금하긴 하네요. 무슨 일이 있었는데요?

요요

산타 마리아 델 피오레, 그러니까 피렌체 대성당의 상징인 돔은 정말 우여곡절 끝에 지어졌어. 1296년부터 성당의 공사가 시작됐는데, 1367년에야 당시 세계 최고 규모의 돔을 만들기로 결정했지. 하지만 정작 브루

2부. 알고 나면 달라 보이는 유명인의 흑역사

넬레스키가 돔 작업을 시작한 건 1420년이었고, 공사는 거기서 16년이 더 지난 1436년에야 마치게 됐지.

그렇게 오랫동안 공사를 하려면 돈이 엄청나게 들었을 거 같은데요?

아리

역시 아리는 돈 얘기에 관심이 많구나? 그때 해결사로 등장한 게 바로 피렌체의 권력자, 코시모 디 조반니 데 메디치야. 그 유명한 메디치 가문은 다들 들어봤지?

요요

메디치 가문! 저 들어봤어요. 엄청난 부자 가문 아닌가요? 약사 출신이라는 얘기를 어디선가 들은 것 같기도 하고….

만두

가문의 문장에 원형 장식이 있어서 그런 소문이 있지만, 정확히 밝혀진 건 없어. 확실한 건 그냥 부자인 게 아니라, 메디치 가문이 피렌체에서 이탈리아 르네상스의 부흥을 이끌었다는 거지.

요요

15~16세기 이탈리아 피렌체에는 예술사에 큰 발자취를 남긴 천재들이 쏟아져 나왔어요. 인구가 8만여 명

찐미

전화위복으로 최고의 건축가가 된 브루넬레스키

100년이 훌쩍 넘는 오랜 시간에 걸쳐 지어진 피렌체 대성당의 건축 과정에서 가장 많은 정성을 들인 부분이 바로 성당의 돔입니다. 필리포 브루넬레스키가 등장하기 전까지 어느 누구도 이 엄청난 크기의 돔 공사를 진행할 방법을 찾지 못했죠. 그런데 브루넬레스키는 원래 건축가가 아닌 금속 세공사였습니다. 1401년 산 조반니 세례당의 청동문 장식을 만들 사람을 뽑는 공개 경연이 열렸고, 금속 세공사로 명성이 높았던 브루넬레스키도 경연에 뛰어들었죠. 우열을 가리기 어려운 치열한 경쟁 끝에 최종 2등을 하며 안타깝게 탈락한 그는 이후 금속 세공이 아닌 건축가의 길을 걷기 시작했습니다. 그리고 마침내, 모두 불가능하다고 말했던 피렌체 대성당의 돔 제작을 성공시키면서 자신의 능력을 세상에 증명했습니다. 그의 묘비에는 전화위복으로 최고가 된 자부심이 가득한 문구가 새겨져 있습니다. "피렌체의 위대한 천재, 필리포 브루넬레스키 여기 잠들다."

에 불과했던 도시에 레오나르도 다빈치, 미켈란젤로, 보티첼리 같은 예술가들이 모두 활동했으니까요.

어떻게 이런 일이 가능했을까? 전부 메디치 가문이라는 대재벌이 든든한 후원자로 있었기 때문이야.

요요

그런데 메디치 가문은 얼마나 돈이 많았기에 그렇게 많은 예술가를 후원할 수 있었던 거예요?

만두

전성기 때는 그야말로 전 유럽을 통틀어서 첫손에 꼽힐 정도로 부자였어. 이들의 자산을 현재 가치로 환산하면 144조 4800억 원 정도라고 해. 지금 기준으로도 빌 게이츠의 재산과 비슷한 수준이라니까 정말 엄청나지. 350년 동안 가문이 존속됐는데 교황 두 명, 프랑스 왕비 두 명을 배출했을 만큼 사회적 영향력도 대단했지. 피렌체의 실질적인 지배자였다고 할까.

요요

진짜 부럽다. 그런데 아무리 돈이 많다고 해도 그렇지. 큰돈을 써서 그 많은 예술가를 후원한 이유가 도대체 뭐예요?

아리

요요

평범한 부유층 가문이었던 메디치가를 명문가로 만든 사람은 조반니 디 비치 데 메디치야. 은행업과 무역업으로 막대한 돈을 벌었지. 당시가 보수적인 가톨릭 사회라 돈을 빌려주고 이자로 돈을 버는 사람을 안 좋게 바라봤거든. 셰익스피어의 『베니스의 상인』에 나오는 악당 샤일록의 직업이 뭐였는지 알지?

아리

고리대금업자요! 샤일록은 바사니오에게 돈을 빌려주는 대신 안토니오의 살 1파운드를 요구했던 악덕 사채업자로 나오잖아요.

요요

유럽 사회에서 대금업에 대한 인식이 어땠는지 바로 알 수 있겠지? 조반니는 종교적으로 속죄도 하고, 가문의 이미지도 쇄신하기 위해 여러 사회공헌 사업을 펼쳤는데 그중 하나가 예술 후원이었어. 그리고 이를 통해 메디치 가문은 점점 좋은 명성을 얻었지. 도시의 시민들에게 훌륭한 작품들을 뽐내며 가문의 세력을 과시하기도 하면서 말이야.

만두

16년씩 걸려 건축한 돔도 그렇고, 많은 예술가에 대한 후원을 일시적으로 한 게 아니라 계속했나 보네요?

2부. 알고 나면 달라 보이는 유명인의 흑역사

요요

맞아. 그런 후원은 조반니 이후에도 계속됐어. 아버지 덕분에 일찌감치 예술의 아름다움에 눈을 떴는지, 조반니의 장남 코시모 데 메디치는 사업가보다는 인문학자나 예술가의 성향을 보였다고 해. 여행 다니고 책이나 읽으며 살고 싶어 했지만, 부친의 뜻에 따라 가업을 이었지.

만두

역시 돈이 아무리 많아도 하고 싶은 것을 마음대로 할 수 있는 건 아니구나….

요요

적성에는 별로였지만 재능은 있었는지 코시모는 메디치가를 더욱 크게 일으켜. 피렌체를 위해서도 많은 공헌을 해서 죽고 난 뒤에는 시민들로부터 '국부'라는 호칭도 얻게 되지. 이때 메디치가의 은행은 유럽 내 16개 지점을 갖고 있었고, 엄청난 돈을 쓸어 모았어. 그렇게 불어난 재산으로 코시모는 여러 책과 고문서를 비싼 값에 사들였어.

아리

취미생활을 제대로 한 거군요? 너무 부러운데요. 역시 돈이 최고야.

조반니의 장남인 코시모 데 메디치는
천생 경영자였던 창업자 조반니와 달리

사업가보다는 인문학자나
예술가의 성향을 보였다고 합니다.

여행 다니며 책이나 읽으며 살려고 했던 아들은
귀싸대기 맞고 가업을 물려받습니다.

이후 코시모는 재산의 상당량을
고문서를 사는 등 꿈꾸던 일에 사용합니다.

요요

그렇지? 그러니까 너희도 월급을 받으려면 도망갈 생각 말고 열심히 일하라구! 아무튼 그는 세계 각국에서 사 모은 희귀 고문서들로 유럽 최초의 공공도서관 라우렌치아나 도서관을 건립했어. 설계자는 미켈란젤로였지.

짠미

미술사학자들은 메디치 가문이 예술가를 후원하는 시기를 기점으로 문화예술의 중심지가 로마와 아테네에서 피렌체로 이동했다고 보기도 하더라고요.

요요

그들 덕분에 작은 도시인 피렌체가 엄청 '힙'한 곳이 됐으니까. 메디치 가문은 아카데미를 설립해서 젊은 예술가들에게 유럽 최고의 교육 커리큘럼을 제공했어. 최고의 예술가를 만들기 위해선 좋은 걸 알아보는 선구안도 중요하겠지? 코시모의 손주인 로렌초는 어릴 때부터 예술에 둘러싸여 자란 덕에 아티스트를 알아보는 안목이 거의 SM엔터테인먼트의 이수만 선생님급이었다고 하지.

만두

오호? 그럼 '피렌체의 샤이니'라 할 수 있는 최고 예술가는 누구였나요?

미켈란젤로, 〈다비드〉, 1501~1504
년. 높이 5.17미터의 이 작품은 피렌
체 대성당 돔 중앙 천장 아래에 설치
할 계획으로 조각되었다.

출처: Jörg Bittner Unna

요요

누가 최고라고 말할 수는 없지만, 적어도 길거리 캐스
팅 된 이 예술가를 빼놓을 순 없겠지. 어느 날 로렌초
가 길을 가다가 한 아이가 목축의 신 파우누스를 조각
하는 모습을 보고 이렇게 핀잔을 주며 지나갔다고 해.
"조각의 이가 영 늙은 사람의 이 같지 않다." 그런데 얼
마 후 아이를 다시 만났을 때, 그 조각은 노인의 허물어
진 잇몸까지 완벽하게 표현하고 있었지. 로렌초는 이

소년이 천재라는 걸 확신하고 예술 교육을 받을 수 있도록 후원해. 그가 바로 조각가이자 화가이며 건축가인 미켈란젤로 부오나로티야. 그는 메디치 가문의 지원 아래 거장이 되기 위한 모든 준비를 마칠 수 있었어.

짠미

반대로 다빈치는 메디치 가문에 대해 불평을 늘어놨다고 해요. 말년에 기록한 노트에는 이런 문구가 적혀 있거든요. "나를 만든 것도 메디치 가문이고, 나를 파멸시킨 것도 메디치 가문이다."

만두

다빈치도 후원을 받았는데… 대체 무슨 일이 있었던 거예요?

요요

다빈치가 견습 생활을 끝내고 본격적으로 활동을 시작할 무렵, 교황청이 메디치 가문에 중요한 작업을 의뢰하거든. 로렌초는 이 의뢰를 수행할 예술가들의 명단을 추렸는데, 거기서 다빈치를 제외한 거야. 아마 여기서 다빈치는 마음에 상처를 입었던 것 같아.

아리

이해가 되네요. 예술가로서 자존심이 단단히 상했겠는데요?

요요

그런데 고난은 여기서 끝나지 않았어. 자신이 푸대접을 받았다고 생각한 다빈치는 밀라노로 떠나 로도비코 공작의 후원을 받게 되지. 그런데 이때 로렌초가 로도비코에게 다빈치를 추천해 주면서, 그를 화가나 예술가가 아닌 '음악가'로 소개한 거야. 여기서 다빈치의 빈정이 확 상해버렸을 것이라는 의견이 있어. 마치 샤이니 태민을 예능인이라고 소개한 격이랄까?

만두

어휴, 화낼 만하네요! 예술가들에게 미치는 메디치가의 영향력이 너무 막강해서 좋은 점도 있지만 나쁜 점도 있었을 거 같아요. 조금이라도 눈 밖에 났다가는 예술가 커리어가 바로 끝날 수도 있으니.

요요

세상에 영원한 것은 없듯, 메디치 가문도 긴 시간이 흐르며 조금씩 쇠락해. 그러다가 마침내 가문의 마지막 직계 후손, 안나 마리아 루이사만 남게 되지. 그는 사망하기 전 조상 대대로 수집해 왔던 모든 예술품을 피렌체에 기증했어. 단, 피렌체 바깥으로는 절대 내보내지 않는다는 조건으로 말이야. 그 덕분에 피렌체의 우피치 미술관이나 피티 미술관에 가면 지금도 메디치 컬렉션을 만날 수 있는 거지.

아리

오늘날까지도 전 세계의 관광객들이 예술품을 보러 피렌체로 모여든다는 걸 생각하면, 메디치 가문은 사라진 뒤에도 여전히 피렌체를 먹여 살린다고 할 수 있겠네요.

만두

메디치 가문의 후원으로 아름다운 예술작품들이 남았지만…. 한편으론 그 작품들이 일개 가문을 위해 정치적으로 이용됐다고 생각하니, 작품들을 어떻게 생각해야 좋을지 모르겠어요.

요요

굳이 편견을 가질 필요는 없지 않을까? 잘했다거나 못했다고 쉽게 결론 내리기보다는 좀 더 이해의 폭을 넓히는 게 중요한 것 같아. 지금처럼 역사적 배경을 자세히 들여다보면서, 그 안에 담긴 다양한 이야기들을 살펴보는 것도 좋고. 근데, 나 지금 좀 멋지게 말한 거 같은데? 그렇지 않니 얘들아? 제발 대답 좀 해줘….

2부. 알고 나면 달라 보이는 유명인의 흑역사

오늘날 우리에게도 많은 사랑을 받는 프랑스의 대표 디저트 마카롱은 16세기 '디저트 덕후'였던 이탈리아 메디치가 출신의 카트린 드 메디치가 프랑스 국왕 앙리 2세와 결혼하면서 가져왔습니다. 문화적으로 '힙'한 집안 출신답게 카트린은 그 시절 귀족사회의 거의 모든 트렌드를 주도했는데요. 그전까지 프랑스에서는 빵과 고기를 나이프로 잘라서 손으로 집어 먹었는데, 카트린으로 인해 포크와 나이프를 활용하는 식사 예절이 자리 잡게 되었다는 견해도 있을 정도죠. 프랑스 최초의 향수 판매점도 카트린 때문에 문을 열었다고 하는데요. 목욕은 싫은데 냄새나는 것은 또 더 싫었던 당시 프랑스인들에게 향수는 선풍적인 인기를 끌었습니다. 이 외에도 궁정발레, 하이힐 등을 유행시키며 아이돌급 파급력을 선보였지요.

하지만 이중적이게도 프랑스 사람들은 카트린을 동경하는 동시에 악녀로 취급했습니다. 아들을 독살했다거나 종교적 대학살을 조종했다는 등 온갖 추문에 시달려야 했던 겁니다. 물론 이러한 소문의 근거는 빈약합니다. 단지 부르주아 출신의 외국 여성이 프랑스의 왕비 자리를 꿰찬 것에 사람들이 많은 반감을 가졌고, 이로 인해 카트린은 수많은 스캔들에 시달려야 했던 거지요.

9

조선시대에도
덕후가 살았다?

'학용품 조각가' 정철조부터 '물포켓몬 박사' 정약전까지

요요

만두 뭐 하고 있니? 아니, 무슨 폴라로이드 사진 하나에 스티커를 이렇게 많이 붙였어?

만두

아, '폴꾸'할 때 방해 금지. 진심임.

요요

알겠어, 안 건드릴게. 근데 폴꾸라니 그게 뭔 소리야?

2부. 알고 나면 달라 보이는 유명인의 흑역사

만두 폴라로이드 꾸미기요. 지금 사진이랑 제일 잘 어울리는 스티커 찾아야 해서 완전 집중해야 한다고요.

요요 아하, 뭐 '벼꾸' 같은 거구나?

만두 벼꾸? 벼꾸는 또 뭐야? 처음 들어보는 말인데요? '벼'로 시작하는 말이 뭐가 있지?

요요 벼루 꾸미기 모르니? 시대가 달라도 '덕후'의 마음은 다 똑같지 않겠어? 18세기 조선에는 벼루 꾸미기에 진심이었던 덕후가 있었거든. 당시엔 잘나가던 선비라면 그가 꾸민 벼루 하나쯤은 꼭 갖고 있어야 할 정도로 인기였던 인물, 바로 '벼루 덕후' 정철조야.

아리 자연스럽게 역사 얘기로 들어가네요? 그나저나 도대체 뭘 얼마나 잘 만들었기에 정철조의 벼루가 선비들의 필수품이 된 거예요?

요요 관심이 좀 생기니? 정철조의 벼루는 돌의 원형을 살리면서 국화나 귀뚜라미 같은 문양으로 포인트를 줬다고 해. 밋밋하고 상투적인 벼루 디자인계에 혁명을 불러

일으켰다고 할까? 평소에도 작은 칼을 하나 갖고 다니면서 쓸 만한 돌만 있으면 즉석에서 벼루를 조각했다고 하는데, 그걸 또 아무한테나 가져가라고 했지.

아리

와우, 굿즈 무료 나눔을 한 셈이네요. 그런데 인기도 많아서 비싸게 팔 수 있는 걸 왜 공짜로 줬을까요?

요요

아리는 이해 못 할 일이긴 하겠다. 정철조는 돈을 버는 게 목적이 아니라, 그냥 벼루 깎는 게 좋았으니까! 오죽하면 자신의 호를 '석치'라고 지을 정도였는데, 석치는 돌에 환장한 어리석은 자라는 뜻이야. 요즘 어떤 분야의 마니아들을 부를 때 '덕후', '오타쿠', '빠'라는 접미사를 붙여 부르는 것처럼, 조선시대엔 마니아들에게 어리석을 치(痴)나 미칠 광(狂), 버릇 벽(癖)을 붙였어.

만두

굳이 부정적으로 쓰이는 한자어를 붙였네요?

요요

맞아. 약간 자조적이면서도 스스로에 대한 자부심도 느껴지는 뉘앙스랄까. 조선 후기의 정치가이자 외교관이었던 박제가는 화가 김덕형의 책 『백화보(百花譜)』의 서문을 다음과 같이 썼다고 해.

사람이 벽이 없으면 쓸모없는 사람일 뿐이다. 벽이라는 글자는 질병(병病)과 치우침(편偏)으로 구성되어, '한쪽으로 치우친 병을 앓는다'라는 의미가 된다. 고독하더라도 독창적인 정신을 갖추고 전문 기예를 익히는 것은 오직 벽을 가진 사람만이 가능하다.

만두

좋아하는 분야에 대한 열정으로 전문성을 성취해 나가는 모습! 그거 완전 저잖아요?

요요

일단 그렇다고 하자. 이들은 미쳤다거나 바보 같다는 말을 오히려 명예롭게 여겼어. 미치지도 못하고 그럭저럭 사는 건 죽느니만 못하다고 생각한 거지.

아리

그런데 조선시대는 성리학이 대세 아니었어요? 학문 외에 다른 곳으로 눈을 돌린 사람들이 많았다는 게 신기하네요. 다들 과거시험 공부하느라 바쁜 거 아니었나?

요요

일반적으로 조선 후기처럼 보수적인 사회는 마니아가 탄생하기 어려운 환경이긴 하지. 사람들의 사고방식도 유연하지 못하고, 신분에 따라 직업도 정해져 있으니까. 그런데 18세기를 지나면서 그런 사회 분위기가 조금씩 바뀌기 시작해.

만두

18세기면 영조랑 정조 임금 시기네요. 정조는 다산 정약용 같은 실학자들을 많이 기용했던 왕이죠? 실용성을 중시하는 분위기가 형성되던 시기였겠어요?

요요

맞아. 당시엔 청나라를 통해 서구의 신문물이 들어왔고, 내부적으로도 상업이 융성하는 등 경제도 발달하기 시작했지. 그렇다고 실학이 주류를 차지하진 못했지만, 이런 흐름 속에서 엄격하게 유지됐던 성리학 질서에도 조금씩은 변화가 생겼어. 여기서 특히 주목해야 하는 건 바로 책! 백과전서나 전집과 같은 서적이 이 당시에

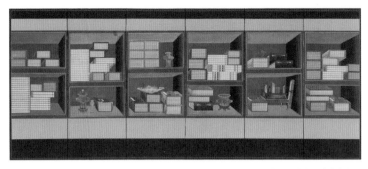

〈책가도〉, 19~20세기 초. 조선 후기에 쏟아져 들어온 책들은 정보에 대한 태도의 변화를 가져왔다.

사진: 국립고궁박물관

정말 엄청나게 쏟아져 들어왔거든.

아리

책이 많이 들어왔다는 건 결국 새로운 지식과 정보가 많이 수입되었다는 뜻이네요. 지금이야 유튜브나 블로그 등으로 쉽게 지식과 정보를 구하지만, 조선시대에는 대부분 책을 통해 얻었잖아요.

요요

정답! 책이 많이 들어왔다는 얘긴 결국 사회에 유통되는 정보량이 많아졌단 거지. 학문에 대한 지식뿐 아니라 개인 취미 영역부터 천연두, 수레나 배 만드는 법, 무예실기 등 사회 현안이나 실생활에 유용한 정보까지 포함되어 있어서 사회 전반의 지식 수준이 높아졌어.

이처럼 새로운 정보가 넘쳐나면 어떤 현상이 발생할 것 같니?

만두

글쎄요. 정보가 갑자기 너무 많아지면… 왠지 어떤 정보가 중요하고 나에게 필요한 정보인지 판단하기가 어려워졌을 것 같아요.

요요

맞아. 정보의 양보다 질이 더 중요해졌고, 지식을 편집하고 재배열하는 일이 중요해졌지. 이제 어떤 정보를 아느냐 모르느냐보다는 '누가' '어떤 것'에 관심이 있느냐가 중요해진 거야. 당시는 물질적으로 풍요로운 시대라서 사람들은 자신이 좋아하는 것에 돈을 쓰거나 몰두할 수 있는 취향을 기를 수 있었어. 그리고 다들 자신이 전문가라고 과시할 수 있는 분야를 찾으려 했지. 당시의 조선은 그야말로 '대오덕시대'였다고 할까?

아리

낯선 것을 보면 자료를 수집하고, 궁금한 것이 생기면 전집을 뒤적이고, 그렇게 모은 자료는 정리해서 기록으로 남기고…. 이거 진짜 그냥 덕후네.

요요

조선시대에 어떤 덕후들이 더 있었는지 궁금해지지?
실학자 이덕무는 평생 책을 2만 권 가까이 읽은 책 덕
후였어. 그가 스스로 지은 별명은 '간서치'였는데 바로
'책만 읽는 바보'라는 뜻이야. 생계를 잇기 힘들 정도
로 형편이 어려운데도 책에 대한 애정으로 모은 책이
수백 권, 읽은 책은 2만 권에 달했다고 해.

아리

엄청나긴 하네요. 별명이 '책만 읽는 바보'라니, 덕후이
긴 한데 굉장히 모범적인데요?

요요

또 애연가였던 이옥은 연초, 즉 담배에 관한 책인『연
경(烟經)』을 집필했어. 당시에는 이미 담배가 들어온
지 200년이 가까이 돼서 애연가들이 많았어. 하멜의
표류기에는 조선에선 아이들도 담배를 피운다는 얘기
도 있었고, 정조 역시 엄청난 골초였다고 해. "담배처
럼 유익한 게 없다. 담배가 아니면 답답하고 꽉 막힌
심정을 풀지 못한다. 이런 담배를 백성들에게도 베풀
어서 혜택을 함께 나누려 한다"라고 말할 정도였으니
까. 그런데 이렇게 왕과 백성이 다 같이 즐기는 기호품
인데도 그에 대한 저술은 하나도 없었지. 그래서 이옥
은 담배 농사부터 시작해 이를 둘러싼 문화까지 상세

히 분석했어. 가짜 담배 식별법, 담배에 얽힌 전설, 담배 피우는 12가지 도구도 설명하고 있지.

아리

팀장님 지금 엄청 즐거워 보이세요. 역시 담배 얘기에 유달리 관심이 많으시군요!

요요

쉿! 이옥은 또 『백운필』이라는 책도 남겼는데, 짐승, 벌레, 꽃, 곡식, 과일, 나무 등 열 가지 주제를 폭넓게 다루고 있어. 예를 들어, 꽃을 설명할 땐 당시 서울 지역에서 원예 분야가 활황 중이라는 정보나 꽃시장의 위치, 각종 화훼의 품종과 재배 방법까지 상세히 적어 놨어. 그가 관심을 두고 있는 영역이 얼마나 다양하고

2부. 알고 나면 달라 보이는 유명인의 흑역사

넓었는지를 알 수 있는 책이지.

만두

마치 위키피디아 항목을 정리해 놓은 것 같네요! 그렇게 다방면에 지식이 있는 사람인데, 정부에서 특별 채용한다거나 하지는 않았어요?

요요

오히려 그 반대였어. 정조는 '문체반정'을 단행했거든. 당시에 유행하던 자유분방한 글쓰기 방식을 막고, 딱딱한 옛날 문체로 되돌리려고 국가적 차원에서 검열을 한 거지. 그런 문체를 유행시킨 주동자로 꼽힌 박지원에게는 반성문을 쓰라고 했고, 과거 시험장에서 다들 장원이라고 손꼽던 이옥은 문체가 불온하다면서 꼴찌로 강등시키기도 했어. 그런데도 문체를 계속 고치지 않자, 멀리 부산의 기장으로 군역을 보내기까지 했지.

만두

아…. 그렇게 그의 덕질 생활도 마무리된 건가요?

요요

놀랍게도 그런 악조건 속에서도 이옥의 덕질은 계속되었어. 그는 귀양 가는 와중에도 가만히 있질 못하고 경상도 사투리의 특징, 주택의 구조, 유배길 도중에 만난

유적지를 글로 정리했다고 해. 새로운 지식을 정리하는 데에 얼마나 몰두했는지 알 수 있지?

아리

이건 몰두가 아니라 거의 집착 수준인데요? 이옥, 일상 생활 가능한 거야?

요요

실학자들은 18세기 유럽의 계몽주의를 이끌었던 프랑스의 백과전서파랑 비슷하다고 할까? 이들의 관심은 꽃, 과일, 채소, 방언이나 속담에서 물고기까지 확산되는데, 특히 물고기에 대해선 손암 정약전이 전문가였지. 그는 다산 정약용의 둘째 형이었어.

만두

저 정약전에 대한 영화 봤었어요! 그러고 보니 정약용이랑 정약전 모두 유배당하지 않았어요? 이옥처럼 덕질하다가 유배당했던 건 분명 아니었는데….

요요

천주교에 관심을 뒀다는 명분으로 남인에 대한 정치적 숙청이 시작됐고, 그 중심인물인 정약용 형제가 타깃이 된 거지. 독실한 신자였던 셋째 정약종은 끝까지 버티다가 참수당했고, 정약전과 정약용은 각각 전라도 우이도와 경상도 장기로 유배를 당했어. 정약전은 우

2부. 알고 나면 달라 보이는 유명인의 흑역사

문체반정과 『열하일기』

조선 후기, 지식층 사이에 유행했던 최고의 베스트셀러는 연암 박지원(1737~1805년)의 『열하일기』였습니다. 그는 1780년 사절단에 합류해 열하(허베이성 청더)에 다녀오면서 그곳에서 겪은 다양한 일들과 시대에 관한 비판적 관점을 책에 썼습니다. 밤에 몰래 숙소를 탈출, 하인에게 "나를 찾으면 화장실에 갔다고 해"라고 말한 뒤 실컷 놀다 새벽에 돌아오는 일화나, 상공업이 발전한 청나라의 모습을 보고 낙후된 조국을 비판하는 내용도 담겨 있죠. 그는 이 책을 얌전한 고문체가 아닌 자유분방한 구어체로 썼는데요. 원칙주의자인 정조는 이런 문체가 유행하는 걸 부정적으로 여겨서, 1792년 '문체반정(文體反正)'을 통해 바로잡고자 했습니다. 대표적으로 큰 피해를 본 사람이 '실학자' 박지원, 박제가, 이옥 등인데요. 정조의 지시대로 반성문을 쓰고 문체를 바꾼 이는 벼슬을 받기도 했지만, 박지원은 "죄가 커서 반성문을 쓸 수 없다"라며 벼슬길에 오르지 않았고 이옥은 군역을 가면서까지 자존심을 지켰습니다.

이도에서 또 흑산도로 유배지를 옮겨 가지.

만두

유배당한 곳이 섬이니까 일단 물 포켓몬 아니, 물고기가 많은 곳이었을 것 같긴 해요. 그렇다고 하더라도 물고기 연구는 정말 마이너 중 마이너 장르 아네요?

요요

유학 공부가 대세였던 당시에 하찮은 물고기를 연구한다? 세상의 조롱을 받기 딱 좋았지만, 인생 마이웨이 진성 덕후였던 정약전은 그런 건 전혀 신경 쓰지 않았어. 그렇게 흑산도에서 물고기를 관찰하며 집필한 것이 바로 『자산어보』야.

아리

유학자는 물론 실학자들도 혀를 내두를 만큼 도전하기 어려운 분야였군요. 그런데 양반인 정약전이 원래 물고기에 대해 좀 알았어요? 왠지 물고기 잡는 법도 몰랐을 거 같은데.

요요

재밌게도 정약전이 쓴 『자산어보』의 서문에는 어떤 미지의 평민이 등장해.

만두

아! 변요한…, 아니 창대!

요요

맞아. 정약전은 『자산어보』에 "섬 안에 장창대라는 사람이 있는데, 문을 닫고 손님을 사절하면서 책 읽기를 좋아했다. 집이 가난해 책이 많지 않다 보니 보는 눈은 좁았지만, 성품이 차분하고 꼼꼼하여 모든 자연물을 세밀하게 파악해 신뢰할 만했다"라고 썼지. 둘은 함께 먹고 자고 연구하면서 『자산어보』를 완성했어. 현지인인 창대가 물고기 연구에 많은 도움을 주었을 거야.

만두

덕질하다가 유배당하거나, 유배당해서 덕질이 시작되거나…. 조선시대의 덕후들은 주류 사회와 약간 거리가 있어 보이는데요?

외딴 유배지에서 학자 정약전의 덕후 기질이
빛을 발하는데요.

섬에서 가장 쉽게 발견할 수 있는
물 포켓몬, 아니 해양 생물에 관심을 갖게 됩니다.

유학 공부가 대세였던 당시에
하찮은 물고기에 대해서 연구한다?

거의 조롱거리나 마찬가지였지만
인생 마이웨이 진성 덕후는 신경도 쓰지 않았습니다.

요요

18세기 이후 사회는 활발하게 성장했지만, 그걸 운영하는 체제는 그만큼 빨리 변하지 못하다 보니 둘 사이의 간극이 벌어진 거지. 자기 포부를 펼칠 수 없는 학자들이 많았다는 게 안타까운 일이야. 덕후들 중에는 정약전, 정약용 형제처럼 정치 싸움에서 밀려난 사람들이나 서얼 출신이 많았는데, 다른 분야에 깊이 빠지게 된 건 내적 갈등을 해소해 보려는 그들 나름의 저항이었을지도 모르겠다. 뭐, 어쨌든 만두 같은 덕후들한테는 지금 세상에 태어난 게 얼마나 다행이니!

2부. 알고 나면 달라 보이는 유명인의 흑역사

조선시대의 형벌에는 회초리 맞기(태형), 곤장 맞기(장형), 강제 노동(도형), 유배(유형) 그리고 사형 이렇게 다섯 가지가 있었습니다. 그중에서 죄인을 변방으로 무기 징역 보내버리는 유배형은 사형 다음으로 강력한 형벌이었죠.

유배지에 도착하면 관아에서 유배인이 묵을 집을 정해주었습니다. 집주인은 각종 세금을 면제받는 대신 유배인에게 숙식을 제공하고 감시자 역할을 했죠. 대부분 억지로 떠맡는 경우가 많다 보니 유배인을 구박하기도 했는데, 집주인뿐 아니라 그 마을 사람들 모두 유배인을 싫어하는 경우가 많았습니다. 반면 중앙 정계로 복귀할 가능성이 높은 사람은 지방 유지들이 서로 잘해주려고 난리였죠. 반역죄 같은 중죄를 저지른 왕족이나 관리는 유배형 중에서도 '위리안치'라고 불리는 최고 난이도의 형을 받았는데요. 이 처벌을 받은 대표적 인물로는 추사 김정희가 있습니다. 마을 안에서 돌아다닐 수 있었던 일반 유배와 달리, 가시울타리 안에만 갇혀 살아야 했습니다. 햇빛도 잘 들지 않았고 아주 가끔씩 음식이나 생필품을 받는 정도였죠.

공동체 사회였던 조선에서 홀로 고립되어 수십 년간 빈곤과 치욕에 시달리던 유배형. 언제 끝날지 모르는 유배 생활에서 살아남기 위해서는 누추한 삶에 잘 적응하는 수밖에 없었습니다.

10

예술가냐 사이코패스냐?
폭군들의 진짜 모습은?

로마를 불태운 '음유시인' 네로와 '꽃미남 아이돌' 연산군

아리

다들 메뉴판 다 봤죠? 뭐 시킬까요?

요요

오랜만에 다 같이 모여서 점심 먹는 거니까 맛있는 거 먹자! 너희들 먹고 싶은 걸로 시켜.

만두

저는 여기 음식 다 좋아해요. 그냥 피자랑 파스타랑 이 것저것 시켜서 나눠 먹으면 될 것 같은데요?

2부. 알고 나면 달라 보이는 유명인의 흑역사

아리

그럼 일단 불고기 피자하고 토마토 파스타요.

요요

아냐, 여긴 루콜라 피자가 더 맛있어. 피자는 그걸로 해. 아, 그리고 루콜라 피자에는 토마토 파스타보다는 크림 파스타가 더 잘 어울릴 거 같은데?

아리

그럴 거면 그냥 처음부터 그거 먹자고 하지, 대체 왜 먹고 싶은 걸로 시키라는 거예요?

만두

맞아! 완전 폭군 네로 같아!

요요

그냥 그게 더 맛있다고 한 것뿐인데, 무슨 폭군 네로까지 나오냐…. 물론 네로와 나는 모두 예술에 관심이 많았다는 공통점이 있긴 하지. 그는 어릴 적부터 음악, 회화, 조각 등 예술을 사랑해서 로마를 문화의 중심지로 만들고 싶어 했거든. 우리가 로마 하면 떠올리는 수많은 조각 작품과 대규모 목욕탕, 체육시설 같은 것도 이때 지어졌어.

짠미

사실 네로는 굉장히 자의식 과잉이었던 것 같아요. 스스로 위대한 예술가라고 생각해서 직접 무대에 올라시를 읊거나 노래 부르기를 좋아했고, 리라 연주나 웅변대회를 개최하고 그 대회에 참가해서 셀프 1등을 차지하기도 했다죠. 좀 더 매력적인 목소리를 만들기 위해 납판을 가슴에 올리는 호흡 훈련을 했다는 얘기도 있어요.

만두

엇, 팀장님 출근할 때마다 노래 열심히 흥얼거리는 걸 들은 거 같은데?

요요

생각해 보니 나랑은 좀 다른 것 같네. 뭐 노래를 하든 건축에 관심을 갖든 자기가 할 일을 잘하면 아무도 뭐라고 안 할 텐데 네로는 그냥 놀기만 했으니, 원로원 의원이나 시민들이 좋게 볼 수가 있나.

아리

그냥 놀기만 한 게 아니라 극악무도한 짓도 많이 했잖아요. 유흥과 사치에 몰두하고, 자기 마음에 안 드는 사람들은 마구 죽였으니…. 그중에는 심지어 자신의 어머니와 아내, 스승 세네카까지 있었고요.

요요

맞아. 그렇게 자기 하고 싶은 대로 행동하고 마음에 안 드는 사람은 닥치는 대로 죽이며 폭주하던 네로는 기

2부. 알고 나면 달라 보이는 유명인의 흑역사

장미꽃으로 사치를 벌인 네로

로마의 향료 문화는 그리스까지 거슬러 올라갑니다. 그리스 문명이 시작된 장소로 여겨지는 크레타 섬은 여러 인종과 문화가 만나는 곳이었습니다. 이집트에서 유행했던 향료도 이때부터 유행해서 그리스인들은 일상생활에서 향료를 사용했습니다. 그리스 문화에 심취했던 네로 또한 향수와 향신료 애호가가 되었습니다. 네로는 사치품이었던 장미를 구입하는 데에 엄청난 돈을 사용해서 마루에도 장미를 뿌려놓고 생활했으며 분수에서는 장미향수가 뿜어져 나오도록 했습니다. 피로연에서 장미향 술, 장미 푸딩 등을 제공하면서 네로가 하룻밤만에 소비한 장미만 지금 가치로 약 1억 8000만 원에 달했다고 합니다.

원후 64년에 일어난 로마 대화재 사건으로 몰락하기 시작해. 무려 일주일가량 계속된, 로마 역사상 가장 참혹한 화재 사건이었지.

아리

도시가 일주일이나 불탔던 거예요? 당시에 소방대는 없었나요?

요요

소방대가 있긴 했지만, 당연히 지금처럼 전문적이진 않았고 양동이로 물을 붓는 정도였지. 당시 로마는 화재에 아주 취약한 도시였어. 특히 서민들이 사는 곳은 거의 목조 건물이었는데, 층수가 높은 건물이 다닥다닥 붙어 있었으니까. 이 화재로 인해 로마 시민 절반이 삶의 터전을 잃어버렸지. 그런데 놀랍게도 대화재의 범인으로 지목된 사람이 네로 황제였어.

아리

황제가 아무리 생각이 없어도 그렇지, 자기가 책임져야 할 나라에 불을 질렀겠어요?

요요

로마시대의 역사가인 수에토니우스에 따르면 네로는 로마의 좁고 구불구불한 도로와 오래된 건물을 그렇게 싫어했다고 해. 또 다른 로마의 역사가 타키투스가 쓴 연대기에 의하면 로마가 불타는 모습을 보면서 악기를 연주하고 노래를 불렀다는 소문이 돌았다고도 하고.

만두

국가적인 재난 상황에서 노래를 불러요? 제정신인가?

요요

뭐, 실제로는 네로가 로마를 불태운 방화범은 아니라고 해. 네로는 화재가 일어난 날에 로마에 있지도 않았거든. 안티움이라는 곳에서 휴가를 즐기고 있다가 화재 소식을 들었고, 곧바로 자신도 화재 현장에 가서 불을 끄러 다녔어. 그런데도 네로에 대한 흉흉한 소문은 잦아들지 않았지.

아리

쯧쯧, 평소에 얼마나 이미지가 안 좋았으면….

짠미

독일의 사실주의 화가인 카를 폰 필로티가 그린 〈로마의 화재〉를 보면 당시의 장면을 완전히 폐허로 묘사했어요. 근대에 재해석해서 그린 작품이라 세부 묘사는 정확하지 않겠지만, 한 가지 확실한 건 중앙에 홀로 서 있는 네로 황제를 바라보는 주변 사람들의 시선이 아주 냉랭하다는 거죠.

만두

정말 그러네. 뭔가 의심스러운 눈빛을 보내며 황제와 거리를 두고 슬금슬금 피하고 있는 게 느껴져요.

카를 폰 필로티, 〈로마의 화재〉, 1861년경.

출처: 워싱턴 국립 미술관

요요

이 일로 네로의 정치적 이미지는 큰 타격을 입었어. 화재로 피해 입은 사람들을 위해 공공건물이나 개인 사저를 제공했지만, 황제가 불을 질렀다는 소문이 잦아들지 않았지. 네로는 어떻게 했을까?

만두

글쎄요. 진짜 범인을 결사적으로 찾지 않았을까요? 억울한 누명도 벗어야 하고 말예요.

2부. 알고 나면 달라 보이는 유명인의 흑역사

범인을 만들었지. 자신에게 쏟아지는 비난의 화살을 다른 사람에게 돌려야 했으니까. 네로는 당시 로마 사람들이 핍박하던 그리스도교를 방화범으로 몰았어. 대표적인 희생자가 사도 바울(바오로)이지.

무고한 사람까지 희생양으로 삼았지만, 네로는 결국 정치적으로 고립돼서 자살하고 말았죠.

맞아. 폭군의 말로는 늘 좋지 않지…. 뭐야, 근데 왜 다들 그런 눈으로 날 보는 거지?! 뭐, 아무튼 우리나라에도 손꼽히는 폭군이 하나 있어. 바로 조선의 제10대 국왕인 연산군! 그런데 사실 연산군은 외모만큼은 조선 시대 왕 중에서 첫손에 꼽힐 정도였다고 해. 키가 크고 몸이 가는 데다가 피부도 몹시 하얘서, 요즘 말하는 '꽃미남'에 가까웠지.

엇, 좀 제 스타일이었을 거 같은데요?! 폭군이지만, 영화나 드라마에서도 자주 다루는 왕이잖아요.

맞아. 역시 연산군 하면 〈왕의 남자〉의 정진영 씨가 연기를 참 잘했지.

만두

와우, 무려 17년 전 영화.

요요

벌써 세월이 그렇게 됐나…. 뭐, 영화 속에서도 정신적으로 미성숙해 보이고 잔혹한 연산군의 모습은 왕위에 오르자마자 조금씩 보였던 것 같아. 조선시대 명신들의 언행과 사적을 모은 『명신록』에 따르면 연산군은 왕이 되자마자 아버지 성종이 아껴 기르던 사슴을 활로 쏘아 죽였다고 해. 이를 본 신하 김종직도 어떤 '쎄함'을 느꼈는지 벼슬을 버리고 바로 낙향했어.

아리

대체 죄 없는 동물을 왜 죽여요? 미쳤는데?! 사람들도 어지간히 충격을 받은 모양이네요.

요요

실록을 보면 연산군이 나이가 들어도 노는 것만 좋아해 성종에게 자주 혼났다고 해. 성종이 불러도 아프다는 핑계로 가지 않았다는 기록도 있지. 왕들이 받는 수업이라 할 수 있는 경연도 자주 빼먹었고, 자기 마음에 안 드는 사람들을 점점 때려잡기 시작했어. 이렇게 미쳐 날뛰는 왕을 유일하게 안타까운 눈으로 보고 있는 사람이 있었으니, 바로….

아리

상선 김처선! 〈왕의 남자〉에서도 연산군이 폭정을 저지르는 이유를 다 알고 있는 듯한 내관으로 나왔었죠.

요요

뭐야, 아까는 조용히 있더니 너도 그 영화 봤구나? 김처선은 연산군까지 무려 다섯 왕을 모시던, 충직한 내관이었어. 『연려실기술』에 따르면 연산군이 도저히 갱생할 수 없는 수준에 이르자 김처선은 죽음을 무릅쓰고 이렇게 말했다고 해. "늙은 저지만 위로 무려 네 분의 임금을 섬겼습니다. 경서와 사서도 대강 통했는데, 고금을 통틀어 상감과 같은 짓을 하는 사람은 없었습니다!" 그야말로 정신 좀 차리라고 직언을 한 거야. 그 뒤로 어떻게 됐을까?

만두

어떤 짓을 했을지 너무 불안한데요? 죄 없는 동물도 함부로 죽이는 인간인데 듣기 싫은 말을 하는 사람에게 어떻게 했을지….

요요

이성을 잃은 연산군은 그 자리에서 활을 꺼내 김처선을 쐈어. 또, 실록 속 내용은 아니지만, 조선 중기의 역관 조신이 지은 『소문쇄록』에 좀 더 잔인한 버전의 이야기도 전해져. 김처선은 이 화살을 맞고도 "죽음이 두

연산군이 열네 살일 무렵, 세자일 때
성종이 기르던 사슴이 다가와 얼굴을 핥았다고 합니다.

그 순간 연산군은 질색하면서
사슴을 발로 차버렸죠.

2부. 알고 나면 달라 보이는 유명인의 흑역사

함께 사슴을 구경하던 성종은
사람을 따르는 짐승에게 어찌 잔인하게 구느냐며 꾸짖었습니다.

그 일이 불쾌했는지 연산군은 잊지 않고 있다가
왕에 즉위하자마자 사슴을 쏘아 죽여버렸습니다.

렵지는 않지만, 상감께서 오래도록 임금 노릇을 하지 못할 것이 한스러울 뿐입니다"라며 바른말을 멈추지 않았다고 해. 그러자 광기와 혈압이 동시에 폭발한 연산군은 칼을 뽑아 김처선의 팔다리를 자르고서 "걸어라! 어명이다!" 하면서 소리쳤다고 하지.

아리

너무 끔찍한 이야기네요. 소문이 약간 과장된 것일 수도 있지만, 당시 연산군의 광기를 생각하면 충분히 그랬을 거 같기도 하고요.

요요

연산군은 김처선을 죽이고도 분이 안 풀렸는지, 그의 부모 무덤까지 없애버렸어. 그뿐만 아니라 24절기 중 '처서'라는 절기 있잖아? 이 '처서'가 김처선을 떠올리게 한다는 이유로 '조서'로 바꾸라 명했고, 과거시험에 합격한 선비 권벌이 시험지에 '처' 자를 썼다는 이유로 합격이 취소되는 사태까지 벌였지.

아리

목숨을 걸고 충언을 해준 신하인데, 화가 나네요. 그런데 네로가 그랬던 것처럼, 연산군한테도 반전 면모가 있었잖아요? 예술에 꽤나 재능이 있는 거요. 역대 왕들 가운데 가장 많은 120여 편의 시를 지었고요.

2부. 알고 나면 달라 보이는 유명인의 흑역사

연산군이 썼다는 시를 검색해 보니까 이런 구절도 있어요! "사물의 이치를 깊게 살펴보니 하늘보다 높고 / 인간사 유심히 헤아리니 마치 꿈속과 같구나. / 공명에 얽매이는 일은 다 부질없으니 / 그저 오래 취해 꽃구경하는 것만 못하구나."

뭔가 오글거리는 게 딱 팀장님 취향. 요즘 시대 같으면 소셜 미디어를 정말 열심히 했을 것 같은 감성인데요?

그러게. 차라리 인플루언서로 살았으면 본인한테도 좋았을 텐데…. 연산군은 노래와 춤도 무척 즐겼다고 해. 특히 처용무를 잘 췄는데, 그냥 자기만 춤추고 논 게 아니라 전국에서 제일 춤을 잘 추고 예쁜 사람들을 모아놓고 '흥청'이라고 불렀어.

정말 흥청망청 놀았네요? 아! 혹시 흥청망청이 거기서 나온 단어예요?

맞아. 게다가 엄청난 미식가여서 전국 팔도의 미식은 물론 중국에서도 맛있는 과일이며 음식을 가져와서 먹었어. 특히 장어, 닭 요리를 좋아했다고 해. 뭐, 사실 그냥 단순히 춤추고 놀면서 맛있는 것만 먹고 다녔으면 지금처럼 욕을 먹진 않았을 텐데, 양주와 파주, 고양쪽 일부 고을과 민가를 싹 밀어버리고 개인 사냥터로 만들어버렸어. 분노한 백성들이 이를 비판하는 벽보를 한글로 써 붙이기 시작하자, 한글 사용을 금지해 버렸지. 또 백성의 억울함을 풀어주기 위해 만든 신문고와 왕에게 직언을 올리는 사간원도 폐지했어.

그냥 자기가 듣기 싫은 말은 아예 꺼내지도 못하게 한 거네요.

갑자사화란?

사화(士禍)란 선비들이 화를 입었다는 뜻으로, 조선에서는 4대 사화(1498년 무오사화, 1504년 갑자사화, 1519년 기묘사화, 1545년 을사사화)를 손꼽습니다. 특히 갑자사화는 연산군의 어머니 폐비 윤씨의 죽음과 관련돼 많은 이가 죽음을 맞은 사건인데요. 연산군은 이 사건을 통해 사림과 훈구 여러 대신을 숙청하고 강력한 왕권을 휘둘렀습니다.

그런 연산군에겐 슬픈 배경이 있었어. 생모 폐비 윤씨가 남편 성종에 의해 사약을 먹고 죽었거든. 이때 어머니의 피 묻은 적삼이 남아 있어서, 나중에 연산군이 그걸 봤다고 해. 이후 더 '흑화'해서 관련된 사람들을 처형했는데, 이게 갑자사화라 불리는 사건이야.

피 묻은 적삼 얘기는 야사 아닌가요? 실록에는 그런 기록이 없다고요.

요요

지금 막 얘기하려고 했는데 말이지. 그런데 지금부터의 얘기는 실록에도 기록돼 있어. 연산군은 어머니 폐비 윤씨가 쫓겨나는 데 관여한 성종의 후궁, 숙의 정씨를 결박하고 마구 폭행했어. 그리고 정씨의 얼굴을 가린 후 그의 아들이자 자신의 이복형제인 이항과 이봉을 불러서, 죄인을 매우 치라고 명령했지.

만두

자식한테 엄마를 폭행하라고 시킨 거예요?

요요

이항은 엄마인 줄도 모르고 때리기 시작했고, 이봉은 뭔가 눈치채고 가만히 서 있었어. 그러자 연산군은 관리를 시켜 정씨를 때려죽였고, 이항과 이봉 형제의 목숨 역시 빼앗았지. 사이코패스 폭군의 말로는 비참할 수밖에 없어서, 연산군은 조선왕조 최초로 쫓겨난 임금이 돼.

아리

역시 폭군의 마지막은 비참한 법이로군요. 근데 우리 아직 주문도 안 했어요. 일단 불고기 피자부터 시킬까요?

요요

아직 주문을 안 했구나. 뭐, 너희들 좋을 대로 시켜. 근데 진짜로 여기 루콜라 피자 무지하게 맛있다?

2부. 알고 나면 달라 보이는 유명인의 흑역사

네로의 폭정으로 인해 로마 원로회뿐 아니라 로마 시민도 네로에게 등을 돌렸습니다. 또한 네로에게 대항하기 위한 반란이 곳곳에서 발생했죠. 네로는 몇몇 반란을 제압하기도 했지만, 곧이어 자신을 지켜주던 병사들에게도 불신임을 받게 되었습니다. 원로원에서 네로를 국가의 적으로 선포하였고 궁정에서 일하던 관리들도 모두 네로를 떠났습니다. 완전히 고립된 네로는 원로원이 자신을 채찍질로 처형할 것이라는 소문을 듣고 공포에 질려 있다가, 원로원이 파견한 병사의 말발굽 소리가 들리자 자신의 머리를 칼로 찌르는 방식으로 스스로 목숨을 끊었습니다.

공포정치를 펼쳤던 연산군 시기는 사실 조선 왕조 역사상 왕권이 가장 견고했던 시기였습니다. 성종의 적장자 출신으로 정통성이 확고한 국왕이었지만, 아이러니하게도 신하들이 앞장서 그런 강력한 왕권에 대항하여 왕을 갈아치우는 최초의 사태를 일으켰죠. 중종반정으로 폐위된 연산군은 '왕'이라 불리지 못하고 '군'이라 불렸는데, 연산군의 시대를 다룬 기록 역시 '실록'이 아니라 '일기'라고 합니다. 중종반정 이후 그의 어린 자식들 역시, 대부분 죽임을 당하거나 비참한 최후를 맞아야 했습니다.

정말 이랬어?
두 눈을 의심하게 하는
황당한 문화사

11

옛날 사람들은
왜 이상한 머리를 했을까?

황당하고 웃긴 동서양 헤어스타일 유행의 역사

 미용실 안 간지 진짜 오래됐다. 기분 전환도 할 겸, 뭔가 새로운 헤어스타일을 하고 싶은데 어떤 게 좋을까요? 요즘 어떤 스타일이 유행이지?

 따로 봐둔 스타일은 있어? 머리 길이는 어느 정도로 할 거야?

3부. 정말 이랬어? 두 눈을 의심하게 하는 황당한 문화사

비제 르 브룅, 〈마리 앙투아네트의 초상〉,
1778년.

출처: Château de Breteuil

요요

어디 보자, 만두한테 딱 어울리는 헤어스타일이 생각 났어! 프랑스 여성들 사이에서 완전 유행했던 건데 말이야. 자, 이 그림을 봐!

만두

팀장님이 자신 있게 추천하는 걸 보니, 안 봐도 이상할 거 같은데…. 어우! 이거 콘헤드 아네요? 저 완전 진지한데, 장난하세요?

요요

만두는 안목이 없구나? 이거 완전 귀족적이고 섬세하고 화려한 로코코 스타일이거든? 특히 당대 유행을 선도했던 프랑스 왕비 마리 앙투아네트가 남편 루이 16세의 대관식 때 선보였던 헤어스타일이라고. 이걸로 18세기 유럽 패션계를 다 씹어 먹었지.

짠미

마리 앙투아네트의 헤어스타일을 푸프라고 해요. 머리를 위로 높이 부풀린 뒤, 여러 가지 장식을 단 스타일이죠. 이 초상화를 그린 화가는 비제 르 브룅인데 대부분 남성이던 당대 미술계에서 독보적인 여성 작가로서 명성을 떨쳤어요. 특히 마리 앙투아네트의 총애를 받아서 왕실 초상도 많이 남겼고요.

만두

저 헤어스타일은 잘 모르겠는데 의상은 예뻐요! 모자랑 옷 주름 하나하나가 다 살아 있네요.

짠미

옷의 질감, 주름의 음영, 프릴 장식 같은 걸 얼마나 섬세하게 묘사하는지도 당시 초상화의 가치를 평가하는 요인이었거든요. 사진이 없었던 시대이니, 화려하고 섬세한 초상화가 더더욱 필요했던 거죠.

그림으로만 봐서는 머리카락을 어느 정도나 높이 올렸는지 잘 모르겠어요. 대체 어느 정도 높이였어요? 정말 실제로도 저렇게 하고 다녔나요?

 푸프는 역사상 가장 거대한 헤어스타일이었어. 평균적으로 30~60센티미터 정도 높이였는데, 최대 길이는 120센티미터가 넘는 것도 있었다고 해.

 와, 거의 어린이 한 명을 머리 위에 올린 거잖아요. 근데 이렇게 머리를 올리는 게 가능하긴 한가요?

 당연히 그냥은 안 되지. 머리 중앙 부분에 철사받침, 지푸라기, 말털 쿠션 등을 덧대어 얹고 자기 머리카락으로 그 충전재들이 안 보이게 덮어서 머리를 세웠어. 그리고 요새 우리가 스프레이를 뿌리는 것처럼, 머리가 무너지지 않게 포마드와 파우더로 고정시켰지. 거기다 리본이나 깃털, 레이스부터 심지어는 인형, 새집, 꽃, 과일 등 각종 장식을 마음껏 얹어. 그리고 흰색 머리가 유행이니까 밀가루를 뿌리고, 그 위에 향수로 향을 더하면 완성!

어우, 정말 엄청난 정성이 들어가는데요. 근데 흰 밀가루는 왜 뿌렸어요?

당시엔 흰머리가 많아야 현명하고 지혜롭게 보인다고 생각했거든. 아, 근데 그건 푸프뿐 아니라 남자 귀족도 마찬가지였어. 왕실과 귀족들이 가발과 피부에 밀가루를 얼마나 뿌려댔는지, 프랑스혁명이 발생했을 때 프랑스 국민의 식량을 낭비하는 원인 중 하나라는 거센 비판을 받기도 했지.

머리를 완성하는 데도 시간이 오래 걸렸을 텐데, 아까워서 머리를 감을 수나 있었어요? 애초에 그 상태 그대로 유지해서는 일상생활도 힘들었을 거 같은데요?

당연히 돈과 시간을 쏟아 어렵게 세운 머리인 만큼, 한번 하면 최소 보름은 하고 있어야 뽕을 뽑을 수 있지. 귀부인은 약 10일간, 중류층 여인은 3개월 정도 머리를 그대로 두었는데 다들 정수리에서 머리 냄새가 진동했다고 해. 냄새나고 벌레도 꼬이고, 머리에 올린 밀가루 파우더나 과일 같은 것 때문에 심지어 쥐들이 드나드는 '핫 플레이스'도 됐다고 해.

맙소사. 쥐까지 드나든다고요? 위생 문제도 끔찍한데, 저런 머리로는 잠도 편하게 못 잤을 것 같은데요.

늘 뭔가를 받치고 자야 했지. 그리고 그때 귀족들은 이동할 때 마차를 탔잖아. 귀부인은 높이 솟은 머리 때문에 마차에 탈 때도 무릎을 꿇고 타거나 마차 지붕을 뜯어내기도 했어.

이쯤 되니 대체 왜 이 머리를 했는지 진심 궁금한데요? 대체 그렇게까지 불편을 감수하면서 이 헤어스타일을 고수했던 이유가 뭐예요?

요요

원래 패션에 미친 사람들은 멋을 위해 평범한 일상생활도 가볍게 포기할 수 있지! 당시 프랑스 왕실은 꽤나 풍요롭고 평화로웠어. 물론 혁명의 피바람이 곧 불어닥치긴 하지만…. 어쨌든 그러다 보니 사람들 관심이 자연스레 '패션'에 몰린 거야. 옷, 화장, 헤어스타일 등에 '플렉스'하면서 자신의 세련된 취향과 수준 높은 감각을 뽐내려 한 거지.

그 욕망이 얼마나 컸냐면, 심지어 머리 장식을 광고판처럼 활용하기도 했지. 미국독립전쟁 당시 프랑스는 영국을 견제하기 위해 참전했어. 그때 프랑스 군함 '아름다운 암탉'이 대승을 거두자, 마리 앙투아네트는 이를 기념하기 위해 군함 모형으로 푸프를 만들었다고 해.

만두

왜요? 도대체 왜? 그냥 관심이 필요했던 거예요?

요요

그때 푸프는 최신 유행 헤어스타일이자 자기 과시용 패션이었거든. 그냥 미모만 갖춘 게 아니라, 정치적이고 사회적인 일에도 관심이 많은 지적인 사람이라는 걸 뽐내려고 했던 거야.

미국독립전쟁과 프랑스혁명

1775년 아메리카 대륙 13개 주는 본국인 대영제국에 맞서 독립전쟁을 일으킵니다. 세금 문제와 본국과의 차별 등이 원인으로, 1783년까지 무려 8년의 전쟁 끝에 미국은 독립에 성공하죠. 이때 발표된 독립선언서(1776년)는 영국 권리장전(1689년), 프랑스 인권선언문(1789년)과 더불어 인권 사상의 발전에 크게 기여했습니다.

한편, 독립전쟁의 여파는 유럽에까지 이어졌습니다. 당시 프랑스는 빈부격차와 재정 문제, 가뭄과 '제3계급' 부르주아의 부상 등 여러 사회 문제를 갖고 있었습니다. 이를 해결하기 위해 귀족·성직자·시민계급이 모인 삼부회의가 열렸지만 결국 결렬됐고, 1789년 바스티유 감옥 습격을 시작으로 프랑스혁명이 시작됩니다. 그 결과 국왕 루이 16세와 왕비 마리 앙투아네트가 처형됐고, 국민이 나라를 다스리는 공화국이 성립하게 됩니다.

프랑스의 군함으로 장식한 마리 앙
투아네트의 푸프. 1780년경에 그려
진 이 캐리커처는 원래의 모습보다
다소 과장하여 표현됐다.

아리

근데 얘기를 듣다 보니까 우리나라에도 비슷한 헤어
스타일이 있지 않았어요? 가체 맞죠? 푸프만큼 무겁고
사람들을 힘들게 한 거대한 머리 장식.

요요

맞아. 우리나라에서 가체의 기록이 처음 나타난 것은
통일신라시대인데, 특히 조선 후기 들어 그 수요가 급
증하게 돼. 궁녀들은 가체 때문에 목 디스크에 시달렸

3부. 정말 이랬어? 두 눈을 의심하게 하는 황당한 문화사

고, 심지어는 열세 살 새색시가 가체의 무게 때문에 목
이 부러져 사망하는 일도 벌어졌었다고 해.

만두

설마 가체도 막 이상한 충전제를 써서 쥐가 막 드나들
고 그러진 않았겠죠?

요요

다행히 가체는 100퍼센트 사람 머리카락으로 제작되
었어. 그렇지만 진짜 사람의 머리카락으로만 가발을
만든다고 하니, 제작이 쉽지 않았겠지?

만두

그런데 조선시대에는 머리카락을 함부로 자를 수 없지
않았어요? 몸은 부모로부터 받은 귀한 것이니 아껴야
한다는 유학의 이념이 있었잖아요.

요요

그래서 더더욱 가체는 어마어마한 사치품일 수밖에
없었어. 머리카락이 귀했기 때문에 값이 엄청 비쌌거
든. 황소 한 마리 값부터 기와집 두 채값까지 부르는
게 값이었다고 해. 가체는 당시 부녀자들에겐 '힙'한
과시 수단이자 필수 장신구였어. 예의를 갖춰야 하는
중요한 자리에 반드시 갖춰야 했거든. 물론 도가 지나
쳐서, 너무 무거운 가체를 쓰다 목이 부러져 죽거나,

가체를 사느라 집안 재산이 거덜나는 사태가 벌어지
기도 했지.

아리

그러고 보니 옛날이야기 중에 머리카락을 팔아서 가족
이나 부모를 봉양하는 내용을 들어본 거 같아요. 그런
데 사람이 죽거나 파산할 수도 있는 유행을 가만히 놔
뒀나요? 뭔가 조치가 있었을 거 같은데요.

요요

맞아. 검소한 왕이었던 영조는 사치스러운 유행이 마
음에 들지 않았고, 결국 1756년 가체 금지령을 내렸어.
실록에는 "양반 부녀자들의 얹은머리를 금하고 속칭
족두리로 이를 대신하게 한다"라고 나와 있지. 그런데

야심차게 실시한 이 금지령은 불과 몇 년 만에 폐지됐어. 왜 그랬을까?

글쎄요. 족두리가 별로 안 예뻤나? 불편했거나, 아니면 사람들이 가체를 하지 말라고 하니까 반대로 더 하고 싶어져서?

우리나라 사람들은 원래 뭐든 되게 열정적으로 하잖아? 가체 금지령과 족두리를 쓰라는 명령이 오히려 사치를 부추기는 역효과를 낸 거지. 이번엔 가체 대신 족두리에 각종 보화를 장식하기 시작한 거야! 그런 유행이 한바탕 지나간 뒤에야 쪽머리가 일반화되면서 '첩지'라는 장신구로 신분을 표시하기 시작해. 중전은 도금한 용첩지, 비빈은 도금한 봉황첩지, 상궁들은 개구리첩지 등으로 신분을 구분하면서 장식이 간소화됐지.

어휴, 역시 유행은 억지로 막는다고 막을 수 있는 게 아니네요. 근데 당시 남자들은 헤어스타일이나 뭐 다른 걸로 사치 안 부렸어요? 남자들도 뭔가 남들한테 자랑하고 싶어서 몸이 막 근질근질했을 텐데?

가체는 황소 한 마리부터
기와집 두 채 값에 이르는 사치품이었습니다.

무거운 가체 때문에 디스크에 시달리거나
사망하는 사람도 생기면서 문제가 발생했죠.

3부. 정말 이랬어? 두 눈을 의심하게 하는 황당한 문화사

영조는 가체금지령을 내렸지만 가체 대신 족두리에
각종 보화를 장식하며 부작용만 더 커졌습니다.

조선 후기에 와서야 쪽머리가 일반화되고
첩지로 신분을 표시하게 됩니다.

요요

사람은 다 똑같으니까, 당연히 남자들도 패션에 대한 열망이 장난 아니었지. 사실 다른 사람 눈에 잘 보이지도 않는 상투를 고정시키는 용도의 비녀도 금, 은, 옥으로 만들 정도였는데. 자, 그럼 여기서 문제. 여자의 가체나 족두리처럼, 당시 남자 양반이라면 누구나 했던 건 뭘까?

아리

저 알 것 같아요. 갓 아닌가요?

요요

정답! 당시 남자 양반은 대부분 갓을 썼는데, 거기에도 다양한 종류의 장식이 가능하겠지? 예를 들어 갓끈은 보통 가슴까지 늘어지는데, 그걸 은, 옥, 수정, 산호로 장식했다고 해. 얼마나 많은 보화를 사용했겠니.

만두

그러고 보면 남자는 다양한 헤어스타일을 구사할 수 없으니까, 모자나 모자 장식으로 신분과 지위를 뽐냈겠네요.

요요

남자들 헤어스타일이 비교적 단순하긴 했지. 소년은 댕기머리, 기혼인 성인 남성들은 상투머리 정도였으니까. 그런데 여기서 남자 헤어스타일에 관한 재밌는 역

3부. 정말 이랬어? 두 눈을 의심하게 하는 황당한 문화사

사적 사실이 하나 더 있어. 너희들 조선시대 남자들도 이발을 했다는 거 아니?

짠미

엥? 이발을 했다고요?

요요

아까 만두가 말한 것처럼, 조선시대라고 하면 머리카락 한 올도 건들지 않았을 것 같잖아? 그런데 실제로 머리숱이 너무 많고 무거우면 상투를 틀 때 스타일이 잘 살지 않거든. 그래서 머리 가운데 상투를 틀 부분에 동전만 한 크기로 숱을 쳤다고 해. 그러면 그 부분이 좀 가라앉겠지? 이걸 배코치기라고 해.

만두

와, 상투 속에 그런 비밀이 숨어 있었다니…. 그런데 이렇게 한결같은 헤어스타일을 고수했던 조선 남성과 달리 옆 나라 중국이나 일본에서는 머리 민 사람들을 종종 볼 수 있었던 것 같은데요? 그래서 중화권 사극이나 일본 사극을 보려고 할 때마다 머리 때문에 몰입이 잘 안되더라고요.

요요

'변발'이랑 '촌마게' 말하는 거지? 사실 소화하기 어려운 스타일이지. 그런데 두 헤어스타일엔 공통점이 있어. 모두 전쟁과 관련돼 있다는 점이야. 먼저 변발은 본래 중앙아시아와 동북아 북방민족의 전통 헤어스타일이야. 물이 귀한 유목민들의 환경 특성상 머리 감기가 어려웠고, 긴 머리는 말을 타고 빠르게 달릴 때 거추장스러웠기 때문에 이런 스타일이 등장했어. 유목민들은 식량을 얻기 위해 약탈과 전쟁을 자주 일으켰는데, 투구를 쓰면 머리가 쉽게 뜨거워졌지. 머리카락이 있으면 보온 효과가 있어서 체온이 떨어지기 어렵고. 그래서 아예 위쪽 머리카락을 밀어서 체온을 빨리 떨어뜨리려고 한 거야.

아리

그래서 변발은 주로 청나라시대를 다룬 드라마에서 나오는 거군요. 청나라는 북방민족인 만주족이 세운 나라니까요.

요요

아주 정확해. 1644년 청나라는 전국에 변발령을 내려서 자신들의 전통 스타일을 한족들에게도 강요했어.

짠미

그런데 변발도 머리를 조금 남기는 경우가 있고, 꽤 많이 남기는 경우도 있던데요? 무슨 차이인 거예요?

3부. 정말 이랬어? 두 눈을 의심하게 하는 황당한 문화사

라이 아풍, 〈중국인의 식사〉, 1880
년경.

요요

그건 그냥 멋 내는 거야. 초기 변발은 뒤통수에 동전만
큼의 머리털을 남긴 후 길러서 따는 형태였는데, 멋을
위해 남기는 면적을 점점 늘리다가 우리가 아는 뚜껑
처럼 덮는 모양이 됐어. 일본의 촌마게도 비슷한 이유
에서 생겨났어. 15~16세기, 일본은 중국의 춘추전국시
대만큼이나 내전이 끊임없이 일어나던 센고쿠시대였
거든.

만두

응? 그런데 일본 사극을 보면, 그 시기 이후에도 촌마
게를 하고 있는 사무라이들이 있던데요?

요요

일종의 허세용이랄까? 전쟁이 마무리되고 평화로울
때에도 사무라이들은 '난 언제든 전쟁에 나갈 준비가

되어 있다'는 이유로 촌마게를 유지하곤 했어. 그래서 사무라이의 대표 헤어스타일로 굳어진 거지.

어? 근데 팀장님, 왠지 촌마게 엄청 잘 어울릴 것 같아요. 한번 해보실 생각 없으신가요?

만두

그래? 만두도 두상 보니까 변발이 진짜 잘 어울릴 것 같은데? 오늘 미용실에 가서 도전해 보는 건 어때?

요요

두 분 다 그만하시고, 이제 일 좀 하시죠!

아리

3부. 정말 이랬어? 두 눈을 의심하게 하는 황당한 문화사

헤어스타일에 담긴 다양한 메시지

헤어스타일은 그 시대의 유행뿐 아니라, 그 사람이 어떤 사람인지도 나타냅니다. 대체로 지배계급은 오랜 시간과 비용이 드는 과장된 헤어스타일을 했는데, 이를 통해 자신의 부와 권력을 과시하고자 했죠. 특히 18세기 유럽의 귀족들은 성별과 관계없이 모두 비싼 가발을 착용했습니다. 이 시대의 초상화에서는 다들 꼬불꼬불한 흰 가발을 쓴 모습을 볼 수 있죠.

사회는 헤어스타일을 통해 사람들을 통제하기로 합니다. 머리를 매우 짧게 깎는 삭발이 대표적이죠. 1793년 마리 앙투아네트는 단두대에 서기 전 강제로 삭발을 당했습니다. 아프리카 노예 상인들도 노예를 대륙으로 이동시키기 전에 머리를 밀었고, 제2차 세계대전을 일으킨 나치 또한 유대인 및 아우슈비츠 수감자들의 머리를 강제로 깎았죠.

이와 반대로 자발적인 삭발에는 또 다른 의미가 있습니다. 개인이나 단체가 자신의 정치적·사회적 주장을 관철시키기 위해 공개 삭발을 하기도 하고, 종교인은 속세를 떠나는 의미에서 삭발을 합니다.

12

귀족들은 왜 매일 밤
무도회를 열었을까?

유럽 사교계에서 인기 스타로 살아남는 법

아리

팀장님, 요새 읽을 만한 책 있나요? 추천 좀 해주세요.

요요

아, 진짜 엄청난 베스트셀러 한 권 소개해 줄까? 무려
영국 빅토리아시대 때 베스트셀러인데 말이야….

아리

웬일로 순순히 알려주나 했지. 그래, 대체 뭔 책인지
어디 이름이나 들어봅시다.

　　　　　3부. 정말 이랬어? 두 눈을 의심하게 하는 황당한 문화사

요요

영국이 18세기 중반부터 산업혁명의 성공으로 미친 전
성기를 달린 건 알고 있지? 그때 출간된 책 중에서 그
야말로 초대박을 친 게 있어. 자, 과연 어떤 분야의 책
이었을까?

아리

산업혁명 시기에 나온 베스트셀러라면… 고아 출신으
로 온갖 노동 착취와 고난에 시달리는 주인공을 그린
소설 아니면, 빈부격차를 아예 싹 뜯어 고치자는 정치
철학책 같은 거?

요요

대체 어떤 불순한(?) 책들을 읽으면서 살아온 거야….
그런 책은 아니고 바로 나처럼, 아니 상류층 귀족들처
럼 말하고 행동하는 방법을 알려주는 에티켓 책이야!

만두

엇, 에티켓 책이 베스트셀러가 됐다니 정말 의외인데
요? 그런 책이 왜 사람들한테 인기가 있었을까요?

요요

당시 영국에선 급격한 기술과 산업 발달로 신흥 부자가
된 사람들이 많았어. 자산가, 장교, 의사, 금융업자, 법률
가 등 전문직 중산층이 많아졌지. 그런데 갑자기 돈을
번 중산층이 상류층의 교양까지 갖춘 것은 아니었지.

자본주의 경제를 확립한 영국의 산업혁명

산업혁명은 18세기 영국에서 시작된 기술 혁신과 이로 인해 촉발된 사회적·경제적 변화를 말합니다. 특히 제임스 와트가 개량·발전시킨 증기기관은 엄청난 영향력을 끼쳐서 철도를 보편화시켰고, 공장에서 대량 생산도 가능케 했습니다. 이를 발판으로 영국은 비약적인 경제 발전을 이룰 수 있었지요. 하지만 빛이 있으면 어둠도 있는 법. 급속한 산업혁명은 오늘날까지 이어지는 여러 가지 환경 문제를 일으켰고, 찰스 디킨스의 소설 『올리버 트위스트』에 그려진 것처럼 아동의 노동력까지 착취하는 등 비인간적 노동 문제와 극심한 빈부격차 같은 여러 사회 문제를 일으키기도 했습니다.

아리

아하, 귀족의 생활 방식을 따라 하기 위해서 그 책을 읽은 거군요?

맞아. 이들은 상류층들의 '인싸 파티'인 사교계에 들어가고 싶어 했거든. 상류층의 행동 습관이 아직 몸에 배지 않은 이들에게 에티켓 책은 좋은 교과서가 되었어.

사교계가 얼마나 재밌는 곳이기에 그렇게 들어가려고 한 거죠? 그냥 조금 큰 홈 파티 같은 거 아니에요?

오늘은 그럼 사교계 이야기를 좀 해볼까? 일단 영국 사교계에는 모임이 활발하게 열리는 사교 시즌이란 게 따로 있었어. 런던을 중심으로 3~4월에 시작해서 무려 7~8월이 되어서야 끝나는 일정이었는데, 주로 오후부터 시작해서 새벽까지 진행되는 경우도 많았지. 흔히 사교 파티라고 하면 그냥 모여서 먹고 떠드는 일만 할 것 같지만, 스포츠·예술·학문 등과 관련한 여러 모임도 열렸어.

요즘 유행하고 있는 취미 모임이랑 비슷한 건가요?

비슷한데 조금 달라. 살롱 문화는 원래 그리스에서 시작됐는데 17세기 프랑스 사교계에서 크게 유행했어. 이탈리아 출신 랑부이에 후작부인이 1608년 파리에

계몽주의의 탄생

17세기 후반에 시작된 계몽주의는 이탈리아 르네상스 (15~16세기)와 케플러·갈릴레오·뉴턴 등이 이끈 과학혁명(16~17세기)의 영향을 받아 시작됐습니다. "과감히 알려고 하라!"라는 칸트의 표어로 대표될 수 있는 이 지적 운동은 이성·자유·평등을 강조하며, 미국독립전쟁과 프랑스혁명에도 큰 영향을 끼쳤죠. 스피노자, 흄, 존 로크, 볼테르, 루소, 디드로, 칸트, 뉴턴 등이 대표적인 계몽주의 사상가들입니다.

연 살롱이 프랑스 최초의 개인 살롱이라고 해. 거기서 귀족과 지식인들이 모여서 역사·철학·과학·예술 등 다양한 분야의 심도 있는 대화를 나눴지. 볼테르, 루소, 디드로, 흄 등 유명한 사상가들도 이런 살롱 문화의 영향으로 성장했어.

아리

앗, 대표적인 계몽주의 사상가들이잖아요?

요요

맞아. 그런데 이런 문화는 만두가 별로 안 좋아할 거 같고…. 역시 화려한 무도회나 다과회가 중심이었던 영국 사교계가 더 적합할 것 같은데?

만두

맞아요. 프랑스보다는 영국 사교계가 더 좋은 거 같아요. 근데 무슨 파티를 밤새도록 했나요? 엄청 빡셀 거 같은데.

요요

맞아. 집돌이, 집순이는 상상도 못 할 '빡센' 일정이지. 우리에게 익숙한 무도회는 그런 수많은 사교계의 일정 중 하나였어. 개최 목적이나 장소, 타깃층이 매번 달랐지. 대부분은 결혼할 나이가 된 젊은이들이 함께 춤을 추고 얘기를 나누며 서로를 살펴보는 자리였어.

아리

아하, 결혼 안 한 사람들에게는 사교 시즌이 좋은 승부처가 됐겠는데요?

요요

그래서 혼인 적령기의 딸을 둔 엄마들은 딸을 좋은 곳에 시집보내기 위해 무도회를 열기도 했어. 당시에 여

성들은 대부분 전문적인 교육을 받지 못했고, 사회 진출도 억압받았기 때문에 자기 자신은 물론 집안을 위해서라도 좋은 집안의 배우자와 결혼하는 게 중요했거든. 그런데 그것도 되게 빡센 게, 그 기회는 무한정 주어지는 게 아니었어. 보통 세 시즌이 지나는 동안에도 청혼을 받지 못하면, 사교계에서 '퇴물'로 여겨졌지. 그래서 다들 물이 들어왔을 때 정말 열심히 노를 저어야 했어.

만두

지금으로 치면 결혼정보회사의 역할을 대신한 셈이네요. 무도회는 그저 화려하고 즐겁고 우아하게만 보였는데, 역시 현실은 만만치 않네요.

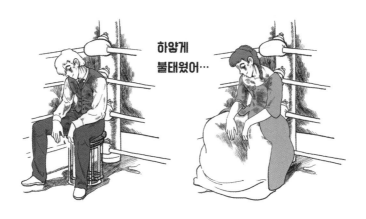

하얗게
불태웠어…

요요

최단 시간 내에 서로의 매력, 지위, 재산, 장래성을 평가하는 자리이자, 특히 결혼이 인생에서 가장 중요한 이벤트였던 당시 여성들에게는 거의 살벌한 취업 면접장이나 다름없는 자리였지.

만두

아, 결혼은 모르겠고…. 무도회에 딱 한 번만 참석해 보고 싶긴 하다. 엄청 화려하고 신났을 거 같은데, 분위기가 어떨지 너무 궁금해요!

요요

미리 말해두는데, 무도회는 생각보다 까다로운 파티야. 그래도 한번 도전해 볼래? 일단 만두는 집에 있는 걸 좋아하니까, 무도회를 직접 여는 게 좋겠지? 일단 무도회라고 할 만한 규모의 파티가 되려면 초대 손님이 200~500명 정도는 되어야 했어. 거기에 왕족이나 고위 귀족들, 인기 연예인을 부를 수 있다면 순식간에 '핫 플레이스'가 될 수 있었지.

만두

앗, 시작부터 위기다. 저는 아는 사람이 그 정도로 많지 않은데요?

요요

그러면 백작 가문에 시집간 사교계 셀럽 친구, 교자 씨한테 SOS를 쳐야겠다. 교자 씨에게 부탁하면 매너 있게 초대장을 작성해서 무도회 3주 전에 싹 발송해 줄 거야.

만두

나도 몰랐던 그런 친구가 있었다니. 어쨌든 첫 번째 위기는 무사히 넘겼고….

요요

자, 이제 춤을 출 수 있는 공간이 필요하겠지? 집 안에서 가장 넓은 공간을 골라 가구를 모두 치워서 무대를 만들자. 손님들의 모자나 코트 등을 맡아두기 위한 클록 룸(Cloakroom)도 필요했는데, 춤추다가 드레스를 찢어먹거나 머리 세팅이 망가지는 경우가 많아서 여성용 클록 룸에서 이들을 도와줄 하인도 필요할 거야.

만두

일단 저는 평범한 자취방에서 살긴 하는데…. 가운데서 춤추고 클록 룸은 방구석에다가 남녀 하나씩 마련하면 되겠죠?

요요

어? 아직 필요한 공간이 더 있긴 해. 디저트나 음료를 먹을 수 있는 티 룸도 따로 필요하거든. 뭐, 이건 일단 스탠딩파티 콘셉트로 서서 마신다고 치고. 일단 자정이 되면 티 룸을 종료하고 저녁 식사를 해야 해. 웨이터와 음악을 연주할 라이브 밴드도 들어갈 공간도 필요하고 말이야.

만두

식사는 핑거푸드 같은 걸로 간단하게 하고 음악은 그냥 스트리밍으로 대신할게요. 대충 공간 나올 것 같은데? 아, 그런데 진짜 정식으로 준비하려면 도대체 얼마 정도가 드는 거예요?

요요

지금 말한 건 약식도 아니야…. 어느 정도 규모 있는 무도회를 준비하는 데에 들어가는 돈은 300파운드에서 500파운드 정도인데, 당시 검소한 중산층 1년 연봉

이 150~300파운드였다고 해. 최상류층 귀족 무도회는 장식하는 생화 비용만 2000파운드나 들었다니까, 무도회 두 번 열었다간 망하기 딱 좋지.

아리

〈로미오와 줄리엣〉 영화에서 나오는 가면무도회 같은 건요? 실제로도 있었던 건가요?

요요

〈로미오와 줄리엣〉 배경이 이탈리아인 건 알고 있지? 가면을 쓰고 춤을 추는 무도회는 13세기 이탈리아 베네치아에서부터 시작됐고, 차츰 프랑스나 영국에서도 큰 인기를 끌게 돼. 17세기 프랑스에서는 귀족들이 화려한 가면을 쓰고 베르사유 궁전에서 무도회를 열었고, 영국에서도 궁정가면극이 유행을 했다가 17세기 중반 청교도혁명 이후에 쇠퇴하게 되지. 자, 그럼 이제 무도회에서 춤추는 예절을 알려줄게.

만두

와! 드디어 제일 기대되는 무도회 차례다!

요요

무도회가 시작되면 주최자는 무도회장 입구에서 손님들을 맞이해. 무도회는 밤 10시쯤 사람들이 오기 시작해서 새벽 4시까지 계속됐고 출입도 자유로웠어. 초대

3부. 정말 이랬어? 두 눈을 의심하게 하는 황당한 문화사

손님 중 가장 고위층 사람이 도착하면, 주최자와 처음으로 춤을 추면서 댄스 타임이 시작되지.

만두

좋았어. 기왕 1년 연봉 털어 넣은 거, 이제부터 잘생긴 순으로 전부 춤춘다!

요요

과연 그런 잘생긴 귀족들이 사상 초유의 원룸 무도회에 찾아올까 싶긴 한데…. 아무튼 진짜 문제는 따로 있어. 댄스 신청은 여성이 먼저 할 수 없었거든.

만두

그럼 어떡해요. 춤추고 싶어도 가만히 있어야 해요?

요요

남성의 신청을 기다려야 해. 남성은 여성 본인 혹은 보호자인 샤프롱에게 허락을 받아서 춤을 한 번 추고, 서로 맘에 들면 따로 티 룸으로 이동해서 얘기했어. 만약 별로면 여성을 본래 자리에 다시 데려다주고 다른 파트너를 찾으러 떠났지. 당시엔 춤을 잘 출 수 있는 남성의 숫자가 만성적으로 부족했거든. 같은 사람과 두 번 이상 춤추는 것도 예의에 어긋나는 일이었지. 게다가 상류계급이 아닌 중류계급 남성들은 사교댄스 자체에 익숙하지 않은 경우도 많았고.

19세기의 무도회는 특히 여성에게
거의 살벌한 취업 면접장이나 다름없었습니다.

무도회를 열려면 2년 연봉 정도가 필요해서
두 번 열었다간 개털 될 수준이었죠.

행사가 많은 사교 시즌에는 귀족 집안 무도회와
날짜가 겹치는 일도 흔했습니다.

사람들은 예의상 초대받은 무도회에 들른 후
'핫 플레이스' 무도회장으로 떠나버렸습니다.

만두

내 돈 들여서 파티를 열었는데, 기다리기만 하라고요? 뭐야, 무도회 괜히 열었어….

요요

큰돈을 들여서 무도회를 연 장점은 분명 있어. 주최 측 여성과는 최소 한 번씩 춤을 추는 게 예의였거든. 그런데 문제는 다른 데 있었지. 잘생긴 미남들과 차례대로 춤을 출 꿈에 부풀어 있던 행복한 만두에게 곧 재앙이 닥쳤으니….

만두

으, 갑자기 무슨 설정을 추가하시려는 거예요?

요요

하필 옆 동네의 미모를 자랑하는 요요네와 무도회 날짜가 겹쳐버린 거지!

아리

미모에는 동의할 수 없지만, 무도회가 많이 열리면 그럴 수도 있겠네요.

요요

행사가 많은 사교 시즌엔 의외로 흔한 일이었어. 요요는 미모도 뛰어난 데다가 집안도 좋고, 당연히 게스트도 빵빵하고 무도회장에도 돈을 잔뜩 처발랐지. 당연히 만두네 무도회랑 비교가 되겠지? 결국, 만두네 무도회에 들른 사람들도 예의상 30분 정도 있다가 하나둘 떠나기 시작했고, 그렇게 피크타임이 되자 만두의 무도회는 텅 비어버렸지….

만두

안 돼! 내 무도회 돌려줘요.

요요

안타깝게도 첫 번째 시즌은 이렇게 홀라당 날려버렸네. 뭐, 그래도 아직 기회는 두 번 남아 있으니까. 만두의 다음번 사교 시즌을 응원할게!

사교계 데뷔와
사교계 이벤트

여러분이 좋아하는 아이돌이나 배우가 언제 데뷔했는지 아시나요? 어떤 사람이 특정 분야에 처음 등장하는 것을 뜻하는 데뷔라는 단어는 '첫선을 보이다'라는 뜻의 프랑스어에서 유래했습니다. 빅토리아시대 후반, 상류층 집안 딸들은 17~18세가되면 버킹엄 궁전에 가서 여왕이나 왕태자에게 자신을 소개했습니다. 그렇게 궁정용 드레스를 입고 정식으로 인사를 올리면, 비로소 사교계에 데뷔한 것으로 인정됐죠. 이와 같은 알현식은 처음엔 귀족과 지주에게만 허용됐으나, 점차 중상층 계급 부인과 딸에게도 기회가 열렸습니다. 물론 화려한 궁정용 드레스나 예법 레슨 등 '데뷔비용'을 쓸 수 없는 경우엔 퇴짜를 맞았지만요.

사교 시즌이 시작되면 다양한 파티가 열렸습니다. 전람회·음악회·오페라나 연극을 감상하기도 했고, 경마·폴로·크리켓·요트 등 스포츠 관람도 모두 사교의 일환이었습니다. 사교계 행사는 다른 지역으로 이동하거나, 때로는 국외 여행이 포함되기도했습니다. 8월에는 새 사냥이 가능한 스코틀랜드로, 11월부터 4월까지는 말을 타고사냥개와 달리며 여우 사냥에 나섰죠. 상류층 사람들에게 이런 행사는 그 자체보다다른 상류층 사람과 교류하고 자신을 어필하는 것이 주목적이었습니다.

13

300년 전 덕후들도 겪은
티켓링 전쟁

오페라와 뮤지컬을 감상하기 위한 가장 치열한 사투

대기 순서가 20481번째? 4시간 23분 59초 소요 예상이
라니, 맙소사.

만두, 지금 〈오페라의 유령〉 티켓팅하고 있었구나?

대체 다른 사람들은 이걸 어떻게 뚫었을까? '새로고침'
버튼이라도 계속 누르고 있을까 봐요.

그러다가 다시 로그인부터 해야 할걸? 그냥 기다리는 게 나아.

그렇지만 답답한걸요. 계속 이렇게 손 놓고 기다려야 한다고요?

지금처럼 인터넷으로 예비 번호를 편하게 받을 수 있는 게 어디니? 옛날엔 초대권이 있는 사람만 관람할 수 있어서, 만두 같은 평민들은 아무리 돈이 많아도 아예 기회조차 없었는걸.

저 지난번에 무도회도 열었던 사람이거든요? 근데 그럼 오페라나 공연을 누구나 볼 수 있게 된 건 언제부터예요? 어차피 4시간 21분 더 기다려야 하니까, 재밌는 얘기라도 좀 들려줘요.

왠지 이용당하는 기분이긴 하지만…, 그럼 오페라에 대해 얘기를 좀 해볼까? 오페라는 음악, 문학, 연극, 무용, 무대미술 분야까지 결합된 종합예술이야. 지난번에 19세기 사교계에서 무도회 전에 여러 모임이 많이 열렸다고 했던 거 기억나지?

만두

네. 아침부터 새벽까지 온갖 종류의 모임이 있었다면 서요?

요요

맞아. 그 사교 코스 중에 오페라 관람도 있었거든. 당시의 오페라는 지금으로 치면 마블 영화나 BTS 콘서트랑 비슷한 정도의 인기였다고 할까? 처음 오페라가 등장한 곳은 1597년 이탈리아 피렌체였어. 바르디 백작가에서 후원하는 예술가, 지식인 집단이 스터디를 하던 중 누군가 이런 제안을 던졌지. "야, 우리 고대 그리스 로마 신화로 '꿀잼' 음악극 한번 만들어볼래?"

만두

16세기 이탈리아면, 르네상스 운동이 한창이던 시기였잖아요.

요요

역시, 만두. 기억력이 좋은데? 간단히 복습하자면, 당시 르네상스 운동은 고대 그리스·로마시대의 부흥을 통해 '인간 중심' 문화로의 회복을 꿈꿨지.

아리

그러고 보니까 그리스시대에는 비극이 유행하지 않았나요? 왠지 처음 오페라를 만들 때, 그리스 비극을 염두에 두고 만들었을 것 같아요.

요요

제법인데? 당연히 영향을 받았지. 그렇게 만들어진 최초의 오페라는 바로 야코포 페리의 〈다프네〉라는 작품이었어. 어떤 내용인지 아니?

짠미

그리스 신화로 굉장히 비극적인 이야기잖아요. 많은 예술가가 작품으로 많이 다뤘고요. 간단히 설명하면, 태양과 예언의 신인 아폴론이 사랑의 신 에로스를 무시했다가, 화가 난 에로스가 쏜 황금 화살에 맞고 물의 요정 다프네를 사랑하게 돼요. 하지만 다프네는 에로스의 납 화살을 맞아서 그런 아폴론을 싫어하게 되죠.

요요

그래서 아폴론은 다프네를 스토킹하는데, 그를 피해 계속 도망가던 다프네는 아버지인 강의 신에게 이 상황에서 벗어나게 해달라는 소원을 빌었어. 어떤 판본에서는 아폴론의 누이이자 달과 순결의 신인 아르테미스에게 빌었다고도 해. 아무튼, 그 소원 때문에 다프네는 월계수 나무가 돼버려. 조금 끔찍한 얘기긴 한데, 아폴론은 월계수로 변한 다프네조차 자기 곁에 두려고 월계관을 만들어서 자신의 상징처럼 만들어. 그래서 지금도 올림픽 우승자에겐 월계관을 씌어주는 전통이 있지.

안토니오 폴라이우올로, 〈아폴로와
다프네〉, 1470~1480년경.

출처: 런던 내셔널 갤러리

아리

엇, 잡다한 얘기가 너무 길어지니까 만두가 다시 새로
고침 버튼을 누르려고 하는데요? 빨리 콘서트 얘기로
넘어가시죠.

요요

만두, 멈춰! 아직 재밌는 얘기는 시작도 안 했어. 최초
의 오페라 〈다프네〉는 아쉽게도 기록만 남아 있고, 악
보는 남아 있지 않아. 지금까지 악보가 존재하는 가장
오래된 오페라는 〈에우리디체〉야. 내용을 간단하게만

말하면, 인간 최고의 음악가인 오르페오가 사랑하는
아내 에우리디체를 저승에서 데려오는 내용이지.

짠미

그리스어 신화의 오르페우스와 에우리디케 이야기죠.
이 오페라는 피렌체 최고의 가문인 메디치가의 딸 결
혼식을 축하하기 위해 작곡됐다고 알고 있어요.

만두

엇, 또 메디치 가문! 문화예술 분야에서 메디치 가문이
끼친 영향력이 정말 크군요. 그럼 처음으로 일반 대중
이 오페라를 보게 된 건 언제부터예요?

요요

초기 오페라는 귀족을 포함한 몇몇 소수를 위해 제작
됐어. 왕족이나 귀족의 축하 행사에서 연주되는 고급
유흥거리였거든. 하지만 점차 모두를 위한 예술이 되
어갔지. 1637년 베네치아에서 세계 최초의 대중 오페
라 극장이 오픈됐고, 그때부터 평민들도 오페라를 볼
수 있게 됐지.

아리

왜 하필 베네치아였어요? 피렌체와 가까워서 영향을
받았나요?

당시 베네치아는 중계무역을 하면서 엄청난 부를 축적하고 있었거든. 신흥 상인들은 귀족에 견줄 만한 재산이 있었고 자연스럽게 귀족의 전유물이었던 예술에도 관심을 돌리게 됐어. 진입장벽이 낮아졌다고는 해도 꽤 큰돈을 내긴 했지.

그럼 그 이후부터 오페라가 귀족들만의 유흥거리에서 모두를 위한 공연이 된 거예요?

맞아. 상업적인 오페라 극장이 성공하자 베네치아, 나폴리, 밀라노 등지에서도 인기가 퍼져 나가기 시작했고, 결국 전 유럽에서 히트 치는 최신 유행이 되었어.

제일 인기 있던 오페라가 뭐예요? '박스 오피스 1위!' 뭐 이런 카피 붙어 있는 거요.

오, 안 그래도 우리가 자주 쓰는 '박스 오피스'라는 말이 오페라 극장에서 유래했다는 말도 있어. 오페라 극장에 가면 측면에 튀어나와 있는 공간이 있잖아. 그걸 '박스석'이라고 부르는데, 지금이야 누구나 예약할 수 있지만, 예전에는 특권층만의 공간이었지.

아! 유럽 여행 중에 가봤어요. 거기서 보면 괜히 기분이 좋아지더라고요.

박스석은 가문에서 영구적으로 구매해서 유산처럼 대대로 물려주거나, 해마다 겁나 비싼 돈을 내고 임대 계약을 맺었지. 처음엔 이 박스석 소유자만 공연 티켓을 사전에 예매할 수 있었기 때문에 '박스석 티켓을 파는 사무실' 즉 '박스 오피스'가 됐다고 해.

박스석 보유자만 티켓을 예매할 수 있으면, 다른 좌석들은 어떻게 예약했어요?

3부. 정말 이랬어? 두 눈을 의심하게 하는 황당한 문화사

요요

현장에서 구매하는 거지. 인터넷 예매가 없었을 때니까 공연 당일 극장 앞에서 무식하게 줄을 서는 수밖에 없었어. 심지어 일반 좌석은 자칫 무릎 나가기 딱 좋은 스탠딩석밖에 없었어. 그래서 박스석을 살 만큼의 능력이 안 되는 사람은 아침 일찍부터 사람을 보내 최대한 좋은 자리를 선점해야 했지.

아리

그나저나 팀장님은 은행에서 티켓팅하던 세대 아니세요? 왜 옛날 드라마 같은 데서 그러잖아요. 막 은행 앞에서 밤샘하고 창구로 가서 콘서트 티켓 사고.

박스석에도 위계질서가 있다?

18세기에는 오페라 극장에 박스석 하나쯤은 갖고 있어야 상류층이라고 할 수 있었습니다. 그런데 박스석도 높이에 따라 위계질서가 있었습니다. 2층 박스석에는 귀족 가문의 여성과 동반 가족이, 3층 박스석에는 장교, 법조인, 종교인, 4층 박스석에는 중소기업인과 공무원이 앉았습니다. 왕실이 건립을 주도한 극장의 경우 왕실에서 소유하는 '로열박스'석도 있었는데, 로열박스석은 샹들리에, 천장 벽화, 대형 거울 등으로 화려하게 꾸며졌습니다.

요요

그래, 나 때는 그랬지…. 지금은 인터넷으로 예매를 하니까 얼마나 편하니? 그나저나 사람 사는 세상은 다 똑같아. 그렇게 새벽부터 기다려 대기 번호를 받아서 다른 사람에게 웃돈 받고 파는 사람들이 그 옛날에도 있었으니까.

만두

앗, 그때도 '플미 티켓'이 있었군요!

요요

플미… 뭐라고?

만두

프리미엄이라고 웃돈을 붙여서 표를 되파는 거요. 인기 많은 콘서트면 프리미엄 붙은 티켓 가격이 도가 지나칠 정도로 높거든요. 그 이익이 공연하는 아티스트에게 가는 것도 아니고, 가짜 티켓으로 사기 치는 사람도 많아서 이래저래 문제가 많아요.

요요

내 가수 공연을 보겠다는 마음을 그렇게 이용하면 안되지. 개인 소유의 박스석 금수저들도 박스석을 거의 개인 살롱처럼 사용해서 문제가 많았어. 오페라 노래를 배경음악 삼아 술 마시고 카드놀이 하면서 공연에 집중하지 않는 경우도 많았지.

짠미

박스석에 앉아 있는 사람들을 묘사한 회화 작품 중에 인상주의 화가 메리 카사트의 〈박스석에서〉가 있어요. 공연에 집중하지 못하는 사람들의 모습이 재미있게 표현돼 있는데, 망원경인 오페라글라스로 공연이 아니라 다른 사람 구경하느라 아주 난리인 게 재밌어요.

처음에는 박스석 소유자만
티켓을 미리 살 수 있었습니다.

박스석이 아닌 좌석을 사려면
공연 당일 극장 앞에서 줄을 서야 했습니다.

3부. 정말 이랬어? 두 눈을 의심하게 하는 황당한 문화사

18세기까지만 해도
일반 좌석은 선착순 현장 판매였거든요.

새벽부터 기다려서 받은 대기 번호를
돈 받고 양도하는 신종 부업도 생겼습니다.

요요

맞아. 박스석은 애초부터 공연을 잘 감상할 수 있는 구조로 만들어지지 않았어. 오히려 건너편 사람들을 몰래 관음하고, 관심 있는 사람에게 추파를 날리기에 더 적합해 보이기도 하지. 그만큼 자신의 부와 명성을 뽐내는 공간이기도 했어.

만두

맞아! 어쩐지 박스석이 다른 좌석보다 비싼데도 공연 보기에는 영 불편하더라고요. 그게 다 귀족문화에서 시작된 거였군요.

요요

아무리 박스석이라지만 내 가수 콘서트 보러 왔는데 음식 먹고 떠들면서 주의 산만하게 떠드는 개진상이 있다면? 없애버리고 싶겠지? 박스석 문화는 19세기 후반이 돼서야 욕을 먹고 조금씩 없어졌어. 아, 19세기에 오페라에서 없어진 게 하나 또 있어. 바로 '카스트라토'야.

만두

응? 카스트라토가 뭐예요?

요요

18세기까지는 성차별 문화 때문에 여자가 무대에 서는 게 힘들었어. 그래서 여성의 고음을 맡을 남성 성악가

메리 카사트, 〈박스석에서〉, 1878년.
출처: 보스턴 미술 박물관

가 필요했지. 테너, 바리톤, 베이스라는 음역대처럼 남성 가수 중 소프라노를 맡은 가수를 카스트라토라고 불렀는데, 당시 정상급 카스트라토는 지금의 아이돌급 인기를 누렸어. 엄청난 출연료를 받으면서 해외 투어를 했고, '덕후들'은 자기 본진의 얼굴이 그려진 배지를 달고 다니는 게 유행일 정도였지.

짠미

카스트라토가 주인공으로 나오는 영화 중에 〈파리넬리〉가 있는데요. 거기서 〈울게 하소서〉를 부르는 장면이 너무 슬프더라고요. 카스트라토가 되기 위해 어린 나이에 고의적으로 신체를 훼손하는 장면이랑 성악가로 성공한 모습이 교차편집 되어 나오는데, 노래까지 더해져서 진짜 절절했어요.

요요

카스트라토가 되기 위해서는 어린 시절 거세해서 2차 성징으로 목소리가 변하는 걸 막아야 했으니까. 게다가 음악원에서 혹독한 트레이닝도 받아야 했어.

아리

아니, 근데 상식적으로 거세를 한다고 모든 사람이 노래를 잘하게 될 리가 없잖아요?

요요

맞아. 카스트라토로 성공하는 사람은 1퍼센트도 안 됐어. 소년들은 대부분 가난 때문에, 부모의 욕심 때문에 거세당하고 불행한 인생을 살았지. 그리고 19세기 초 이탈리아를 정복한 나폴레옹이 카스트라토의 오페라 출연을 금지하면서 완전히 사라지게 되었어.

만두

악습인데 정말 잘 사라졌네요! 그럼 그 이후엔 카스트라토 역할을 누가 맡았어요?

남장을 한 여성이 맡거나 음역대를 조금 낮춰서 남성이 연기했어. 현대에 와서는 훈련을 통해 남성도 여성의 음역대인 알토와 소프라노까지 소화할 수 있게 되지. 카스트라토가 없어진 이후부터 오페라는 여성 소프라노가 활약하는 오페라, 즉 우리가 지금 알고 있는 모습으로 자리 잡았고.

지금까지 얘기 들으면서 말하지 못한 것이 있는데, 저 솔직히 오페라랑 뮤지컬에 무슨 차이가 있는지 모르겠어요.

요요

몇 가지만 알면 만두도 쉽게 구분할 수 있을 거야. 첫째, 오페라는 거의 모든 대사를 노래로 부르지만, 뮤지컬은 일반적인 대사와 노래 대사가 구분돼 있어. 둘째, 애초에 발성법이 달라. 오페라에서는 마이크를 쓰지 않지만, 뮤지컬에서는 사용하지. 그리고 마지막으로 오페라는 성악가와 무용수가 엄격하게 구분돼 있어서 음악 감상이 주가 되지만, 뮤지컬 배우는 노래와 춤을 다 담당해서 시각적 요소도 중요하지.

만두

아하, 그래서 뮤지컬 가수들은 탭댄스, 발레, 현대무용, 재즈댄스까지 배우는군요. 그나저나 대기 시간이 아직도 3시간이나 남았는데…. 뮤지컬이든 오페라든 다 좋으니 일단 티켓팅 좀 성공하면 좋겠다!

음역대는 사람의 목소리로 낼 수 있는 최저 음에서 최고 음까지의 범위를 말합니다. 여성 가수의 경우 소프라노, 메조소프라노, 알토로, 남성 가수의 경우 테너, 바리톤, 베이스로 성부(파트)가 구분되죠. 특히 오페라에서는 대체로 이 성부에 따라 역할이 나뉩니다. 오페라에서 여자 주인공은 주로 소프라노가, 상대역인 남자 주인공은 테너가 한 쌍을 이루는 형태로 발전했죠. 두 사람의 관계에 끼어들어 둘을 방해하거나 도와주는 남성 배역은 주로 바리톤이, 여성 배역 중에서 소프라노와 연적 입장에서는 여성은 주로 메조소프라노가 맡았습니다. 바리톤 다음 남성 역할로 아버지나 노인, 왕, 수도사 등의 역할은 베이스가 메조소프라노 다음 여성 역할은 알토가 담당했습니다.

오페라는 오케스트라 연주와 함께 공연됩니다. 오케스트라로 인해 관객의 시야가 방해받지 않아야 하고, 오케스트라 음향이 가수의 노랫소리를 압도하지 않아야 했기 때문에 무대 아래로 자리를 잡게 되었습니다. 2~4층에서는 어렴풋하게나마 오케스트라의 연주 모습을 볼 수 있습니다. 객석에서 무대 쪽을 본다고 할 때 왼쪽과 중앙에는 현악기가, 오른쪽에는 관악기와 타악기가 배치되는 것이 일반적입니다.

14

맛있는 음식들의
충격적인 과거

전쟁과 음식의 문화사

요요

모처럼 저녁 회식이니까 많이 먹어! 한 달 동안 다들 수고 많았어.

아리

'모처럼 회식'인데 겨우 회전초밥집이에요? 그동안 고생한 거 생각하면, 팀장님이 좀 더 보태서라도 그럴듯하게 '오마카세' 정도는 먹어줘야죠.

요요

우리 팀 지금까지 잘하고 있긴 하지만…. 어디 보자, 오마카세에 가려면 일단 당장 다음 주부터 교양만두 발행 건수를 두 배는 더 늘려야 할 것 같은데?

만두

생각해 보니까 회전초밥집도 좋은 거 같아요. 일단 재 밌잖아요.

아리

사실 나도 좋아해. 초밥이 앞에 줄지어 지나가는 것만 봐도 기분이 좋아지거든.

만두

저 궁금한 게 하나 있어요. 다 그런 건 아니긴 한데, 왜 대부분 회전초밥집에서 한 접시에 같은 초밥이 두 개 씩 올라가 있는 거예요?

요요

만두는 가끔씩 엄청 날카로울 때가 있어? 놀랍게도 초 밥이 두 개씩 짝을 지어 접시에 오르는 데에는 잘 알려 지지 않은 엄청난 비밀이 있거든. 바로 일본이 제2차 세계대전에서 패망한 것과 관련이 있지.

만두

엥? 초밥 접시랑 전쟁이랑 어떤 관련이 있어요?

일본이 1945년 8월 15일 미국이 던진 원자폭탄을 맞고 무조건 항복을 선언한 건 알고 있지? 우리나라의 광복절이기도 하니까. 그렇게 전쟁에서 패한 일본은 그동안 우리나라를 비롯한 여러 식민지에서 가져오던 식량이 끊기면서 대규모 식량 부족 사태를 맞게 돼. 일본 내의 쌀 공급이 무려 절반 이하로 줄어들었지.

당시 일본의 식민지면 우리나라와 대만이죠? 태국이나 필리핀은 총독부가 없는 점령지였으니까···. 역사 시간에 배웠는데, 특히 1941년 일본이 하와이 진주만을 기습 침공하면서 일으킨 태평양전쟁 이후 식민지 수탈이 더 심해졌다고 알고 있어요.

맞아. 중일전쟁에 이어 태평양전쟁까지 일으키면서 결국 일본 제국은 몰락하고 말지. 아무튼 패전 후 일본에는 가뜩이나 식량이 부족한데, 식민지에 나가 있던 해외 거주민과 패잔병들까지 한꺼번에 일본 본토로 몰려들기 시작했어. 아시아 전역에서 돌아온 사람만 150만 명이나 되었으니까 식량난이 더 극심해졌겠지.

식량난이 심각했으면, 음식값도 많이 뛰었겠는데요?

쌀값은 패망 전보다 130배가 뛰었고, 어획량이 절반으로 줄면서 일본인의 주요 단백질 공급원이었던 생선 가격도 금값이 되었어. 사태가 이렇게 되자 일본 정부는 모든 음식점 영업을 전면 금지했고 일반 국민의 외식 또한 금지했지.

근데 그게 음식점 영업을 금지한다고 해결될 일이에요? 식당 영업 금지하면 뭐가 달라지죠?

먹을 것이 너무 귀하다 보니 도입된 긴급 조치였어. 정부 차원에서 모든 식재료를 공공재로 취급해서 배급만 가능하도록 묶어버렸고, 돈을 받고 상업적으로 음식을 판매하는 행위를 막았지.

만두

이해는 가지만, 식당 주인들은 하루아침에 직장을 잃
게 됐네요. 식량난에 영업 제한에… 엄청난 이중고에
시달렸겠는데요?

요요

하지만 늘 간절한 사람에게 길은 열리는 법! 상황을 순
식간에 극복하는 기가 막힌 아이디어가 나오게 돼. 초
밥을 아무리 '미스터 초밥왕' 수준으로 맛있게 만들어
도 이걸 돈을 받고 팔면 불법이 되니까, 쌀을 가져오는
사람에게 약간의 돈을 받고 쌀을 초밥으로 가공해 주
자는 의견이었지.

아리

뭐라고요? 그게 돈 받고 파는 거랑 뭐가 다른데요?

요요

개념을 살짝 바꿨다고 할까? 돈을 받고 음식을 파는
게 아니라, 손님이 가져온 쌀을 초밥으로 바꿔주는 거
지. 이렇게 되면 초밥을 만드는 기술에만 수수료를 주
는 셈이니까, 요식업이 아니라 위탁가공업에 해당한다
는 주장이었어.

　　　　　　　3부. 정말 이랬어? 두 눈을 의심하게 하는 황당한 문화사

듣고 보니 그럴듯하게 들리긴 하는데…. 과연 그 방법이 먹혔을까요?

의외로 초밥집 주인들이 아이디어를 제안하자, 당국에서 그 제안을 수락했어. 사실 음식 영업을 완전히 규제한다는 게 불가능하다는 걸 알았을 거야. 대신 한 가지 조건을 내걸었지. 그게 뭐였을까?

식량난이 심했으니까…, 혹시 초밥 크기에 제한이라도 있었나요? 밥알을 딱 몇 알만 사용해야 한다거나! 왜, 장인들은 밥알 개수까지 일정하다면서요.

아깝네! 상당히 비슷해. 1인당 가공할 수 있는 초밥의 양을 쌀 한 홉으로 제한하는 조건으로 수락했어. 대충 우리가 먹는 밥 한 공기 정도의 분량이야. 이 정도의 양으로 초밥을 만들면 대략 초밥 열 개 정도가 나와. 게다가 당시 일본은 어획량이 줄어서 여러 종류의 생선을 초밥에 얹을 수 없었어. 그래서 초밥집 주인들은 대략 한 종류당 두 개씩, 네다섯 종류의 초밥을 가공해 접시에 담아 판매했지.

아리

그래서 지금까지도 초밥 1인분의 양이 대략 열 개 남짓이고 회전초밥집에서는 한 접시에 초밥이 두 개씩 올라가는 거군요? 초밥 안에 제2차 세계대전의 역사가 담겨 있을 줄이야!

요요

초밥 외에도 음식에는 알게 모르게 전쟁의 흔적이 남아 있는 경우가 많아. 알다시피 부대찌개도 한국전쟁 이후 미군 부대에서 나오던 스팸과 햄, 소시지 등을 김치찌개에 넣은 게 시초였으니까. 또, 전쟁이라는 특수한 상황에 맞춰 발전한 음식도 있어. 전쟁 중에는 장거리 원정을 떠날 때가 있잖아. 전쟁터에서는 음식을 보관하기가 굉장히 어렵거든. 그래서 전투식량으로 고안

된 음식이 바로 분유였어.

만두

분유는 아기들 먹으라고 만든 거 아니었어요?

요요

물론 지금에야 그렇지만, 분유의 기원에는 전쟁과 관련한 사연이 있어. 분유에 관한 최초의 기록은 마르코 폴로의 『동방견문록』에서 찾아볼 수 있거든. 거기에는 13세기 유라시아 대륙을 누비며 대제국을 건설했던 몽골 기병들이 말린 우유를 발명했다고 적혀 있어.

아리

우유는 영양가가 높아서 군인들에게도 적합한 식량 같긴 해요. 하지만 액체 상태로는 쉽게 상하고 들고 다니기에도 무거우니까 분유 형태의 전투식량을 만든 거군요? 고기를 말려 영양가는 유지하되 부피는 줄인 육포처럼?

요요

바로 그거야. 러시아는 매서운 추위 때문에 나폴레옹과 히틀러 모두 정복하지 못했던 곳인데, 몽골 기병대는 겨울철에 러시아를 공격해 점령할 정도로 신속한 기동력이 있었거든. 그 중심에는 가볍게 휴대할 수 있으면서도 높은 열량을 보유한 분유가 있었던 거지.

14. 맛있는 음식들의 충격적인 과거

동방에 대한 호기심을 심어준 동방견문록

『동방견문록』은 13세기 베네치아 출신의 이탈리아 상인이자 여행가 마르코 폴로가 1271년부터 1295년까지 세계를 돌아다닌 경험담을 다룬 책입니다. 1권은 서아시아와 중앙아시아, 2권은 원나라, 3권은 일본·동남아시아·남아시아·아프리카를 설명할 정도로 방대하죠. 특히 그는 여행 기간 중 17년을 쿠빌라이 치세의 몽골 원나라에서 보냈습니다. 하지만 그가 책에 쓴 모든 곳을 직접 다녀온 것인지는 불분명하며, 내용에 얼마만큼의 과장이 들어갔는지 알기 어려워 책 내용의 신뢰성에는 논란이 있습니다.

만두

확실히 가볍고 오래 먹을 수 있어서 좋을 것 같긴 한데…. 분유는 기본적으로 우유의 수분을 증발시켜서 가루 형태로 만든 거잖아요. 가루째로 막 퍼먹었던 건가요?

아침이 되면 가루를 풀어 끓여 마시곤 했어. 몽골 병사들은 분유를 병사 한 사람당 약 4.5킬로그램씩 가지고 다녔는데 그 정도 양이면 별도의 식량 보급 없이 야전에서 20일 정도는 견딜 수 있었다고 해.

그런데 그것만 먹어서는 너무 맛이 없을 거 같긴 해요. 다른 맛있는 음식 얘기는 없어요?

전쟁터에서는 정말 생존이 우선이니까 어쩔 수 없지. 그럼, 만두가 좋아하는 탕수육 얘기는 어떨까? 이건 탕수육이 만들어진 배경에 대한 설인데 좀 더 흥미로울 거야. 자, 때는 바야흐로 영국과 청나라의 아편전쟁이

19세기 중반 영국은 청나라와의 무역에서
큰 폭의 적자를 기록하고 있었습니다.

적자를 해소하기 위해 영국 마약상인들은
아편을 판매했고 심각한 중독을 일으켰습니다.

청나라 황제는 아편을 근절하고자 했으나
영국이 반발하면서 아편전쟁이 시작되었습니다.

전쟁에서 패배한 청나라는
막대한 배상금을 지불해야 했습니다.

벌어졌던 시기야. 근데 너희 아편전쟁이 왜 벌어졌는지 아니?

아리

당연하죠! 19세기 중엽 영국이 중국 청나라와 무역을 하다가 계속 적자를 보니까, 반출되는 은화를 회수하기 위해 아편을 판 거잖아요. 그러다 마약 유통을 막으려던 청나라와 분쟁이 붙었고 결국 전쟁까지 이어진 거 아녜요?

만두

'신사의 나라'라더니 정말 치사하고 못됐네요. 마약을 판 것부터 잘못했는데, 그걸 막았다고 전쟁까지 일으켜요?

요요

국제 사회라는 게 정의보다는 힘의 질서로 굴러가잖아? 결과적으로 청나라는 전쟁에서 패했고 대가는 쓰디썼어. 홍콩은 영국으로 넘어갔고, 영국 상인의 자유로운 무역이 가능해지도록 강제 개항됐지. 또 청나라는 몰수했던 아편의 배상금까지 물게 됐어.

아리

엄청난 횡포네요. 아편전쟁 이후로 서구 열강의 아시아 침략도 더욱 노골적으로 변한 거잖아요. 그런 흐름

3부. 정말 이랬어? 두 눈을 의심하게 하는 황당한 문화사

때문에 결국 우리나라도 큰 피해를 보게 된 거고요.

요요

슬프게도 여전히 전쟁은 이성적으로는 이해할 수 없는 다양한 이유로 일어나고 있으니까. 어쨌든, 이때부터 홍콩과 광저우 등지로 영국 상인들이 대거 유입됐어. 그들은 젓가락 사용이 서툰 데다가 향이 강한 청나라 음식에 고생하고 있었는데, 이때 개발된 음식이 바로 탕수육이야.

만두

아하? 탕수육은 역시 까다로운 외국인 입맛에도 잘 맞았군요?!

요요

당시 비교적 공급량이 넉넉했던 돼지고기를 튀기고, 광동식의 달달하고 새콤한 소스를 곁들인 탕수육은 영국인들도 포크로 한 번에 찍어 먹을 수 있는 편리한 음식이었어.

만두

이제 탕수육 먹을 때마다 한 번씩 아편전쟁이 생각날 것 같아요. 물론 탕수육은 맛있지만, 전쟁과 관련된 음식은 이제 탄생하지 않았으면 좋겠어요.

요요

그런 의미에서 내일 점심은 탕수육 어때? 난 탕수육의 근본이라고 할 수 있는 '부먹'이 좋더라!

아리

잠깐만, 부먹이라고요? 팀장님, 지금 저랑 싸우자는 거죠?!

아편전쟁이 시작되기 전에 영국은 청나라와의 무역에서 큰 적자를 보고 있었습니다. 이 손해를 메꾸기 위해 영국은 인도에서 사들인 아편을 청나라에 판매하기 시작했고, 아편은 이내 곳곳으로 퍼져 많은 사회 문제를 일으켰죠. 1839년, 청나라 제8대 황제인 도광제는 심각해진 아편의 유통 문제를 해결하고자 임칙서를 발탁해 수습하도록 지시했습니다.

광저우로 파견된 임칙서는 아편을 몰수해 불태우는 등 아편 밀수와 유통을 강경하게 단속하였습니다. 하지만 영국은 오히려 당당했습니다. 자신들의 금전적 손해를 보상하라고 요구했고, 이내 청나라와 전쟁을 벌여야 한다는 목소리도 높아졌습니다. 결국 내각에서 전쟁이 결정되었고, 1840년에는 군비 지출 결의가 영국 의회에 제출되었습니다. 결과는 찬성 271표, 반대 262표. 딱 아홉 표 차이로 전쟁이 결정되었습니다. 이때 양심적인 지식인으로, 훗날 영국 총리가 되는 국회의원 윌리엄 이워트 글래드스턴은 이렇게 한탄했다고 합니다. "우리 영국의 양심의 무게가 고작 이 정도란 말인가."

이 아홉 표는 이후 역사를 바꿔놓았습니다. 천하의 중심이라 자부하던 청나라가 영국에 속수무책으로 당한 이후부터, 유럽 열강의 아시아 침략은 더욱 본격화됐습니다.

15

알면 정떨어지는
매너와 에티켓의 유래

중세시대 사람들의 황당한 예의범절

만두

제가 최근에 콘서트에 다녀왔는데요. 요즘 콘서트장에 선 소리도 제대로 못 지르는 거 알아요?

아리

저번에 말한 티켓팅 성공했구나? 근데 소리를 왜 못 질러? 떼창하고 응원하러 콘서트 가는 건데!

만두

코로나19 때문이죠. 콘서트장에 "함성 금지"라고 계속 떠 있어서 소리 지르고 싶을 때마다 박수만 두 배로 세게 쳤어요. 답답하긴 했는데, 그래도 뭐 갈 수 있는 것만으로도 다행이죠.

아리

하긴 이제 공식 석상에서도 악수나 포옹 대신 주먹이나 팔꿈치 터치로 인사를 하니까. 코로나 이후에도 그런 인사법을 계속 쓰려나.

요요

그럴 수도 있을 거야. 지금 우리가 자연스럽게 나누는 인사법도 시대에 따라 계속 바뀌어온 거거든. 먼저 예의범절, '매너'나 '에티켓'이라 불리는 단어의 유래부터 알아볼까? 에티켓이라는 말은 '붙이다'라는 뜻의 프랑스어 에스티키에(estiquer)에서 유래했어. 당시 귀족들은 연회와 모임을 워낙 많이 열었잖아? 그때 서열을 가려서 자리에 순서를 매기다 보니까 푯말을 써붙여서 자리를 표시한 거지. 그렇다면 매너라는 말은 어디서 유래했을까? 코로나 이전에 우리가 가장 많이 사용하던 인사법하고도 살짝 관련이 있는데.

마두

음, 어떤 거죠?! 손 좌우로 흔드는 거? 아니면 악수?

요요

오, 맞혔어! 매너는 라틴어 '마누스아리우스(Manusarius)' 에서 유래했는데, 손(Manus)과 방법(Arius)의 합성어지. 사람의 습관이나 몸가짐을 뜻하는데, 이처럼 우리에게 손이 중요하기 때문에 인사 예절 역시 손과 관련된 것 들이 많아. 먼저 악수만 하더라도 서로 손에 무기를 들고 있지 않다는 걸 증명하기 위해 시작됐지.

만두

아하? 무장을 들고 있지 않다는 걸 증명하는 행동이 사람들끼리 친분을 나누는 인사법이 된 거군요?

요요

그렇지. 여담인데, 옛날 책을 보면 정말 이상한 예법이 많아. 중세 초기 예법서에는 칼로 이를 쑤시지 말라는 기록도 있다고 해.

만두

헐, 그때 사람들은 칼로 이를 쑤셨어요? 굳이 그런 것 까지 책에 기록된 게 신기해요. 또 다른 건 없나요?

요요

악수랑 비슷한 다른 예절이 있지? 외국 영화를 보면 나오는, 막 모자를 벗어서 가볍게 목례하는 동작 말이 야. 이것도 기사들에게서 시작된 인사였어. 알고 보면 오래된 전통인데, 기사들에게 투구를 벗는다는 건 자

3부. 정말 이랬어? 두 눈을 의심하게 하는 황당한 문화사

신의 목숨을 내놓는다는 것과 같은 의미였거든. 그러니까 군주나 다른 사람들 앞에서 투구를 벗는 건, 그 사람들에게 적대감이 없다는 것을 보여주는 행동이지.

아리

투구를 벗는 행동이 모자를 벗는 인사로 이어진 거군요. 대체로 무장해제와 관련된 인사가 많은 게 신기한데요.

요요

옛날엔 전쟁이 잦았으니까. 이렇게 모자를 드는 인사법은 전염병이 유행하고 신체 접촉에 대한 두려움이 클 때 많이 행해졌어. 이 시절에는 반갑다고 볼 키스나 포옹을 했다가는 예의 없는 '빌런' 취급을 받았지. 코로나19를 생각하면 어떤 의미인지 알겠지? 그런데 모자를 들어 올리는 이 인사법에도 점점 특이점이 오기 시작해.

만두

맞아요. 코로나19 초기에 이탈리아와 프랑스에 특히 확진자가 폭증한 이유가 볼 키스 인사법 때문이라는 기사도 봤었어요. 그런데 모자를 벗는 인사법은 어떻게 이상해졌는데요?

같은 행동을 반복하다 보면 조금씩 과장되는 경우가 있잖아? 점점 어떨 때 모자를 꼭 써야 한다거나 모자를 벗어야 한다는 규칙이 복잡해지기 시작했어. 왕에게 용무가 있어 방문한 사람이 궁전에 걸린 왕의 초상화 앞에서도 모자를 벗어 인사하고, 옆 사람이 코를 풀때는 모자를 꼭 벗어야 한다는 말도 안 되는 규칙도 생겨났지. 급기야 남성은 여성이 말을 걸 때마다 모자를 썼다 벗었다 반복하는 것이 예절이라고 여겨지기도 했어.

와, 부담스러워서 말 걸기 힘들었을 거 같은데요? 진짜 매너의 기준은 시대에 따라 많이 바뀌는군요.

요요

그치. 지금은 절대로 해서는 안 되는 비매너 행동이지만, 옛날에는 누구나 일상생활에서 실천하던 행동도 많았어. 좀 더러운 얘긴데, 궁금하니?

아리

안 궁금하다고 해도 말할 거잖아요. 그리고 더러워서 궁금한 건 아니에요. 그냥 궁금한 거지.

요요

속으론 정말 궁금하다는 걸 알고 있지! 14세기 초까지만 해도 유럽 평민의 집에는 화장실이 따로 없었어. 그래서 런던 시내에 있는 공용화장실을 사용해야 했거든. 그런데 기록에 따르면 공용화장실 하나를 이용하는 게 거의 1000가구였다고 해.

만두

1000가구가 한 화장실을 쓴다고요? 맙소사. 화장실 한 번 가려면 대체 얼마나 기다려야 되는 거야.

요요

기본 4시간. 기다리다가 지려버리는 일도 많았겠지? 대부분의 사람들은 자연스럽게 아름다운 템스강에서 그냥 바지 내리고 갈겨버렸어.

아리

노상방뇨에다가 노상방분까지? 이해가 안 가는 건 아니지만, 그럴 거면 그냥 집에 요강을 두고 쓰면 되는 거 아녜요?

요요

물론 요강을 쓰기도 했지. 그런데 요강도 자주 비우지 않으면 집 안에 냄새가 심해지잖니. 그럼 어디에다가 버렸을까?

만두

당연히 하수도 아니면 멀리 강에다가 버렸겠죠.

요요

제대로 된 하수도 시설은 거의 없었고, 강까지는 멀어서 언제 들고 가니? 그냥 창문 밖으로 던져버렸지. 실제 당시 주택가를 지나는 사람들은 언제 어디서 똥이 날아올지 모르니 챙이 넓은 모자를 필수로 써야 했어.

아리

맙소사, 너무 끔찍한 얘기예요. 근데 그게 모자로 막아지나요?

요요

그럴 리가 없지. 귀족들의 경우 급하게 신호가 왔을 때 요강을 찾을 수 없다면 벽난로를 이용하는 것이 매너라고 생각했어. 심지어 그걸 자식들한테 교육하기도

3부. 정말 이랬어? 두 눈을 의심하게 하는 황당한 문화사

했지. 그때 사람들은 용변 보는 일에 정말 거리낌이 없었는지, 프랑스의 태양왕 루이 14세는 자신의 결혼 소식을 신하들에게 알릴 때 변기에 앉아 똥 때리는 중이었다고 하더라.

아리

으, 이제 더러운 얘기는 그만 듣고 싶어요.

요요

진짜 이 얘기까지만 들어봐. 15세기에 윌리엄 캑스턴이 쓴 『예의범절에 관한 책』에는 코를 풀 때는 손가락을 사용하고 그 손가락은 입고 있는 셔츠에 닦으라는 가르침이 적혀 있지. 16세기 네덜란드의 학자인 에라스뮈스는 하품을 한 뒤에 반드시 십자가를 그리는 것이 매너라고 쓰기도 했어.

만두

아! 유럽 여행 갔을 때 경험했던 비슷한 일화가 생각나요. 서양 사람들은 누가 재채기하면 "블레스 유(Bless you)"라고 말하잖아요.

요요

그 예절도 역사가 꽤 깊어. 서기 590년 그레고리오 1세가 교황 자리에 올랐을 때 페스트로 추정되는 전염병이 만연했거든. 황제는 전염병으로 죽어간 사람들을

화장실이 따로 없었던
유럽 평민들은 요강을 사용했습니다.

집 안에서는 냄새가 심해서
자주 비워야 했는데요.

3부. 정말 이랬어? 두 눈을 의심하게 하는 황당한 문화사

하수도? 그런 거 없습니다.
그냥 창문 밖으로 던져버렸고요.

주택가를 지나는 행인들은
챙이 넓은 모자를 필착해야 했습니다.

위해 기도를 올리고, 죽은 사람이 살아나기를 바라는
의미에서 "갓 블레스 유(God Bless you)"라고 말하자고
했지.

아리

신의 축복을 빌어준 거군요! 그런데 왜 하필 재채기를
할 때 그런 말을 하는 거예요?

요요

당시 재채기는 역병의 전조증상이었고, 영혼이 빠져
나가는 신호라고도 여겨졌거든. 사람들이 그 말을 널
리 사용해서, 지금은 재채기만 해도 축복을 빌어주는
관습으로 남아 있는 거야. 반면, 아주 폭력적인 예법도
있었어. 16세기 유럽의 많은 예법서가 부부 사이에서

남편이 폭력을 써선 안 된다고 강조하는데, 이상한 전제 조건이 붙어 있었어. "부부 사이에서 남편은 아내에게 주먹을 휘둘러서는 안 된다. 아내가 가만히 있을 때는 말이다."

만두

뭐야, 그럼 가만히 있지 않을 때는 폭력을 써도 된다는 말이에요? 지금 그런 예법을 주장하면 바로 경찰서에 끌려갈 텐데.

요요

말도 안 되는 예법이지. 사실 매너는 지역별, 시대별로 달라. 계급과 사회상, 그리고 통념을 반영하니까. 상황과 장소에 맞게 잘 따져서 지키는 게 좋지.

아리

맞아요. 예전에 일본 여행 갔을 때 되게 신기했던 게, 일본에서는 밥그릇을 들고 먹어야 하고, 면을 먹을 때 쩝쩝거리면서 먹는 게 예의라고 하더라고요. 우리나라에서 그렇게 하면 예의에 어긋난다고 혼나잖아요.

요요

같은 행동이 한쪽에서는 예의 있는 행동이 되고 다른쪽에서는 예의 없는 행동이 되는 것처럼, 미래에는 지금 우리가 당연하게 여기는 어떤 행동이 예의 없는 행동으로 바뀔 수도 있겠지? 우리도 앞으로 얼굴 붉힐 일 없도록 계속 서로 조심하자고.

아리

아마도 우리들 중에선 딱 한 사람만 노력하면 아무 문제 없을 걸요?

요요

응? 대체 누구를 말하는 걸까? 이상한데, 왜 다들 나를 쳐다보는 거야?

우리는 언제부터 여럿이 음식을 먹을 때 각자 접시에 나누어 덜어 먹기 시작했을까요? 또 우리는 언제부터 몸과 의복을 청결하게 유지하려고 했을까요? 그리고 이 것은 정말 발전된 형태의 행동, 즉 문명화된 것일까요?

모든 인간 공동체는 다른 집단과 구별 짓기 위해 특별한 행동 규범을 발전시켜 왔습니다. 그 결과 서로 다른 문화와 예절을 갖게 됐지요. 과거에는 한 집단의 문화 가 다른 집단보다 우월하다고 생각하기도 했습니다. 자신은 문명이고, 상대방은 야 만으로 규정한 거죠. '야만(Barbar)'이라는 말 자체도 고대 그리스어로 이방인의 언어 가 마치 개가 '(barbar)' 짖는 소리로 들린다는 데서 유래했고요.

하지만 제1차 세계대전을 겪으며 '문명'에 대한 근본적인 의문이 제기되기 시작 합니다. 사상적으로나 기술적으로 가장 진보한 곳으로 여겨지던 유럽에서 인류를 대 학살한 끔찍한 전쟁이 일어났기 때문입니다. 문명의 우월성을 강조하다 보니 결국 다른 문화를 억압하고 정복할 대상으로 바라보는 결과가 발생된 것이죠. 이를 반성 하면서 문화가 처한 환경이나 사회적 배경을 이해하고자 노력하는 문화 상대주의적 관점이 싹트기 시작합니다.

275

4부

익숙한 물건과
공간에 담긴
뜻밖의 잇상사

16

로마 제국 사람들도
'로또 대박'을 꿈꿨다?

일주일의 '행복회로' 복권의 역사

아리

퇴근 시간 다 됐는데 다들 안 가시나요? 저는 오늘 먼저 퇴근하는데…, 혹시나 다음 주에 말없이 출근 안 해도 찾지 마세요.

요요

너 무슨 일 있어? 아, 또 그거냐? 아리는 꼭 저렇게 금요일만 되면 로또 샀다고 광고하더라. 혹시 회사 때려치우고 싶다고 시위하는 건 아니지?

4부. 익숙한 물건과 공간에 담긴 뜻밖의 일상사

아리

이번엔 진짜 느낌이 다르다니까요. 꿈에 조상님이 나와서 숫자를 여섯 개 불러줬거든요. 어떻게 딱 여섯 개를 말하지? 아무리 생각해도 신기하다니까….

요요

행운을 빈다. 근데 너 항상 그렇게 퇴근한 다음 월요일에 잘만 출근하더라. 뭐, 풀 죽은 네 모습을 보며 월요일을 시작하는 것도 나쁘진 않지만.

아리

으, 두고 보자. 이번에야말로….

만두

로또는 고된 직장생활을 버티게 하는 소소한 행복이잖아요. 근데 만약 진짜로 당첨되면 어떻게 해야 해요?

요요

만약 당첨되면 내가 알려주는 대로만 행동하면 돼. 월요일 아침이 되자마자 은행으로 쥐도 새도 모르게…. 아, 그러고 보니 너희들 복권이 기원전 200년부터 시작되었다는 건 알고 사는 거니?

아리

당연히 모르죠. 나는 그냥 로또 당첨되면 어떻게 해야 하는지가 더 궁금한데?

복권의 역사가 그렇게 오래됐어요?

역시, 만두는 궁금한 거 못 참지. 복권의 기원에 대해서는 여러 얘기가 많은데, 기록으로 남아 있는 최초의 복권은 기원전 200년경 중국 한나라의 '키노'야. 진나라 다음에 등장한 한나라 알지?

그야 당연하죠! 진시황이 죽고 다시 중국을 통일한 왕조잖아요. 장기도 그렇고, 소설이나 드라마에서도 많이 다뤄서 알고 있다고요.

맞아. 진나라가 멸망한 후 세워진 한나라는 할 일이 미친 듯이 많았어. 오랜 전쟁으로 곳곳에 흩어진 사람들을 다시 정착시키고, 지배 체제와 군사시설도 정비하고, 반란도 수습해야 했는데, 문제는 돈이 없었던 거지. 국고가 완전 바닥이었을 때 한나라 황실이 생각해낸 방법이 바로 복권이야.

머리 좋은데요? 그때 복권 당첨자는 어떤 방식으로 뽑았어요?

4부. 익숙한 물건과 공간에 담긴 뜻밖의 일상사

중국을 최초로 통일한 나라, 진

진(秦)나라는 전국시대 중국을 통일한 최초의 국가입니다. 변방 국가였던 진나라는 기원전 4세기 무렵부터 법가 사상가를 기용해 국력을 키웠습니다. 그리고 마침내 6대 왕 정(政)은 기원전 221년 전국을 통일한 뒤, 전설상의 군주인 삼황오제에서 본떠 스스로 '황제'라는 칭호를 만들어 썼습니다. 그렇게 진시황은 강력한 권력을 휘두르며 지역별로 달랐던 문자와 도량형 등을 통일해 중앙 집권의 토대를 닦았지만, 지나치게 혹독한 정책으로 사람들의 불만은 쌓여갔죠. 결국, 진시황의 사망 이후 전국은 다시 분열됐고, 한나라 유방과 초나라 항우의 치열한 다툼 끝에 마침내 한이 최종 승자가 되었습니다. 이후 중국인은 스스로 한족(漢族)이라 부릅니다.

방법은 지금의 로또와 비슷해. 천자문에서 선정한 120개의 문자 중에서 10개를 맞히는 방식이었어. 120개 숫자 중에 10개를 맞힐 확률은 수학 시간에 다 배웠지? 당첨자는 거의 뭐 전설의 유니콘을 만나는 수준이 었지만.

아리

'순열'이에요? '조합'이에요? 순서가 상관이 있어요, 없어요? 그거에 따라서 확률이 완전히 달라지는데요?

요요

아리는 수 얘기가 나오니까 눈에 불을 켜는구나…? 무작위 10개니까 순서는 상관없었어. 로또는 45개 숫자 중에 6개가 맞아야 하고, 키노는 120개 문자 중에 10개가 맞아야 하니까, 딱 봐도 로또가 당첨될 확률이 높지.

아리

조합 문제네요. 숫자 45개 가운데 6개 맞는 조합은 814만 5060분의 1이고, 120개 중에 10개 맞는 조합은 116조 681억 7863만 8776분의 1이군요.

만두

잘은 모르겠지만, 확실히 차이가 크다는 건 알겠어요. 그런데 이 확률을 뚫고 당첨된 사람은 상금으로 뭘 받은 거예요?

요요

아쉽게도 당첨자에게 정확히 뭘 줬는지는 기록이 없어. 이후 일종의 놀이처럼 계속 이어져 오다가, 19세기

4부. 익숙한 물건과 공간에 담긴 뜻밖의 일상사

에 중국인들이 미국으로 이민을 가면서 키노가 전 세계로 퍼지게 됐지. 120개 한자가 80개의 숫자로 대체된 카지노 게임, '차이니즈 로터리'가 바로 키노에서 비롯됐어. 비슷한 시기, 유럽에선 로마가 도시 정비 자금 마련을 위해 복권을 발행했지.

아리

우리나라도 비슷한 이유로 복권을 처음 도입하지 않았나요? 1948년에 런던올림픽 참가비용을 마련하기 위해 복권을 처음 도입했다는 얘기를 들은 적 있어요.

요요

맞아. 복권은 거액의 당첨금을 지급하더라도 발행하는 사람이 막대한 수익을 마련할 수 있는 사업이니까.

1948년 런던올림픽 경비를 충당하기 위해 발행한 복권형 후원권.

출처: 문화재청

그럼 일반인도 복권을 발행하면 안 되는 건가요? 복권을 사는 것보다 복권을 파는 게 나은 거 같은데요?

만두

그랬다간, 복표발행죄로 잡혀가게 될 거야. 아까 얘기를 이어가면, 로마의 복권은 중국과 방법이 조금 달랐어. 로마의 초대 황제 아우구스투스는 대규모 연회를 열고, 연회에 온 사람들이 돈을 주고 음식을 사 먹은 영수증을 추첨하는 방식의 복권을 발행했지. 또 희대의 폭군으로 유명한 네로 황제 역시 도시 재정비를 위

요요

　　　　　　　　　　4부. 익숙한 물건과 공간에 담긴 뜻밖의 일상사

한 자금 마련을 목적으로, 귀족과 부유층에게 복권을 사도록 협박했다고 해.

만두

네로는 정말 한 가지만 한 게 아니네. 폭정에, 협박에…. 민심이 흉흉할 만하네요.

요요

근데 또 재밌는 건 이때는 당첨 상품이 돈이 아니었다는 거야. 당시 복권은 일종의 행운권 추첨이랑 비슷했거든. 상품이 집이나 배, 노예 등이어서 일확천금하거나 인생 역전을 노리는 건 불가능했지. 본격적으로 돈을 상품으로 지급한 복권은 1530년대 이탈리아에서 발행한 '피렌체 복권'이야.

만두

16세기 피렌체면 메디치 가문과 르네상스를 떠올리지 않을 수 없잖아요? 지금과 같은 형태의 복권이 그때부터 있었다니, 괜히 르네상스를 근대의 기원이라고 말하는 게 아니군요!

아리

이제 슬슬 로또 당첨되면 어떻게 행동해야 하는지 알려줄 때가 된 거 같은데요?

르네상스는 왜 이탈리아에서 시작됐을까?

고대 그리스·로마 문화의 부활을 의미하는 르네상스는 고대의 오랜 문화적 유산이 남아 있는 이탈리아에서 먼저 시작됐습니다. 게다가 당시 이탈리아는 동방무역의 중심지로서 베네치아, 밀라노, 제노바 등의 도시가 성장하면서 문화가 발전하기에도 유리했죠. 프랑스와 영국이 백년전쟁(1337~1453년)을 치르느라 다른 곳에 신경을 쓸 수 없고 흑사병이 유행하면서 중부 유럽 전체가 고통받을 때, 이탈리아의 작은 도시국가들은 지중해 무역을 중심으로 전성기를 누렸습니다. 한편, 이탈리아의 르네상스와 알프스 너머 유럽 대륙의 르네상스는 성격이 조금 다릅니다. 15세기 이탈리아 르네상스가 문학, 회화, 건축 등 문화예술 방면으로 발전했다면, 16세기 유럽 대륙의 르네상스는 정치·사회에 큰 영향을 끼칩니다. 그중 가장 중요한 사건이 바로 중세의 끝을 알리는 사건, 1517년 마르틴 루터가 가톨릭교회를 비판하며 게시한 '95개조 반박문'으로 시작된 종교개혁이었죠.

1988년 제24회 서울올림픽 기금을 위해 발행한 복권.

출처: 국립민속박물관

요요

아까 아리가 우리나라 최초의 복권 얘기를 했지? "준비하시고, 쏘세요!" 멘트를 기억하는 사람이 있으려나? 주택복권은 1969년부터 매주 정기 발행되며 인기를 끌었어. 당첨되면 집을 줘서 주택복권이란 이름이 붙은 건 아니고 그냥 주택은행이 발행했기 때문에 붙여진 이름인데, 당첨금은 집 한 채를 사고도 남는 거금이었지. 이후 1983년부터 1988년까지는 1988년 서울 올림픽 개최 비용을 모으기 위한 '올림픽 복권'이 발행되기도 했어.

만두

그때는 우리가 꽤 잘살았을 때 아닌가요? 자꾸 뭐 할 때마다 국민한테 돈을 뜯어 가는 거 같은데?

요요

올림픽은 요즘도 재정에 무리가 될 만큼 많은 돈이 들어가는 행사니까. 자금도 마련하고, 기념도 하고, 홍보도 하고 겸사겸사 복권을 발행한 거지. 판매금액도 상당했는지 서울올림픽은 결과적으로 흑자를 봤어. 그리고 시간이 흘러 2002년, 느슨해진 복권 사업에 긴장감을 주는 복권이 등장했지. 바로 로또야.

아리

로또 원래 한 게임당 2000원이었는데 1000원으로 줄어든 다음부터 전체 당첨금이 너무 적어졌어요. 또 예전엔 당첨금 이월도 자주 돼서 수백억 당첨자가 나오기도 했는데, 지금은 2주밖에 이월이 안 돼서 상금액이 더 줄었고요.

요요

그치. 역대 최고액은 2003년 4월 19회 추첨에서 나온 407억 원이고 최저액은 2018년 5월 546회 추첨에서 나온 4억 590만 원이야. 1등이 무려 서른 명이었는데, 정말 이상한 일이지? 거기에 내가 없었다는 게…. 이때 재미있는 사실이 하나 있는데, 부산의 복권판매점 한 곳에서 1등이 열 명이나 나왔어.

아리

잠깐만요. 1등이 서른 명인데 그중 열 명은 한 곳에서 당첨됐다고요? 이거 조작 아니에요?

요요

에이, 전 국민이 눈에 불을 켜고 감시하는데 조작은 불가능해. 게다가 국가 입장에서는 신뢰성이 제일 중요하니까 보안 시스템을 철저하게 유지하고 있지. 게다가 복권 판매로 적립되는 기금은 상당수가 공공 목적으로 쓰이니까, 너무 안 좋게만 생각하진 마. 당첨이 안 되는 건, 그냥 운이 없어서 그런 거니까.

만두

헐, 갑자기 조금 슬퍼지지만…, 그래도 이번만은 다를 거라고요!

요요

그럼 지금부터 당첨됐을 때 팁을 알려줄게. 1등에 당첨되면 가장 먼저 복권 뒷면에 서명하는 게 좋아. 인적 사항을 적어놔도 좋고. 혹시 소중한 로또 용지를 잃어버리거나, 도난당해서 소유권 분쟁이 일어날 수 있거든. 그때 뒷면에 적어둔 표시가 중요한 법적 근거가 될 수 있어.

음모론이 많지만 로또 번호를
조작하기는 불가능에 가깝습니다.

로또 추첨 방송에는 경찰관이 참석하여
기기와 공의 이상을 매번 확인합니다.

방청객 한 명이 눈을 가리고 선택한
공 세트가 추첨에 사용되고요.

공을 뽑는 생방송 때에는 경찰관이
방청석에 앉아 매의 눈으로 감시합니다.

아리

오늘 나눈 이야기 중에서 저에게 가장 필요한 정보군요.

요요

당첨금 수령 장소도 등수에 따라 다른 건 알고 있지? 4~5등은 로또 판매점, 2~3등은 농협은행 전 지점, 그리고 대망의 1등은 농협 본점에서 수령이 가능해. 신분증도 꼭 챙기고!

아리

후후, 이번 당첨금은 내 거야…. 누구도 뺏어 갈 수 없어.

요요

저 확신에 찬 눈빛을 보니 왠지 나도 사야만 할 것 같은데…. 우리 모두 월요일에 농협은행에서 만나자!

4부. 익숙한 물건과 공간에 담긴 뜻밖의 일상사

1948년 런던 하계올림픽은 대한민국 정부가 수립되기 전에 개최되었습니다. 출전한 선수들은 같은 해 1월에 개최된 스위스 생모리츠 동계올림픽에 이어 두 번째로 태극기를 달고 출전했죠. 일제 강점기였던 1936년, 베를린 올림픽에 일장기를 달고 출전해야 했던 마라톤 금메달리스트 손기정 선수가 기수를 맡았습니다.

대한민국은 축구, 농구, 육상, 역도, 복싱, 레슬링, 사이클 등 7개 종목의 선수 50명과 임원 17명, 총 67명의 선수단이 이 올림픽에 참여했습니다. 재정이 턱없이 부족했던 해방 직후의 나라에서 67명 선수단을 런던에 보낸다는 건 기적에 가까운 일이었습니다. 부족한 금액을 충당하기 위해 올림픽후원회에서는 올림픽이 열리기 직전해인 1947년부터 우리나라 최초의 복권을 발행했습니다. 100원으로 구매가 가능했던 이 복권의 1등 상금은 100만 원이었습니다. 100만 원은 당시 집 한 채 정도의 가격입니다. 국민의 큰 성원을 받아 140만 장의 복권은 거의 다 판매됐습니다. 이렇게 마련된 경비로 런던올림픽에 출전한 우리 선수단은 부산에서 출발하여 일본, 중국, 태국, 인도, 이집트, 네덜란드 등 20박 21일 동안 9개국 12개 도시를 경유해서 힘겹게 런던에 도착했습니다. 그리고 그 올림픽에서 두 개의 값진 동메달을 획득했습니다.

17

색깔에 숨겨진
놀라운 비밀

사랑, 저항, 애도… 다양한 메시지를 담아낸 색깔들

만두야, 여기 이 장면에선 등장인물이 좀 중요하니까 의상을 빨강으로 바꿔보자. 아니, 그거 말고 더 딥한데 칙칙하진 않고 세련되면서도 기품 있는 빨강 말이야.

요요

대체 그게 뭔 색깔인데? 큰 차이 없으면 그냥 진행하죠? 만두 얼굴 하얗게 질린 거 안 보이세요?

아리

                                                      4부. 익숙한 물건과 공간에 담긴 뜻밖의 일상사

아하하, 다들 왜 정색하고 그래…. 잠깐만 기다려봐. 내가 색상표에서 찾아볼게.

휴, 마감 시간 촉박한데. 마지막으로 한 번만 더 바꿔볼게요. 근데 왜 하필 빨강으로 바꿔요? 파랑도 잘 보이지 않나?

응? 빨강이야말로 주인공의 색이잖아. 파워레인저의 레드, 아이언 맨, 이누야샤랑 짱구도 그렇지. 빨강은 색채 중에서 채도가 가장 높아 눈에 잘 띄는 색이야. 어떤 학자는 인류 역사에서 최초로 이름이 붙여진 색채가 바로 이 빨강이라고 주장하기도 하거든. 만두는 빨강 하면 뭐가 떠올라?

곧바로 떠오르는 건 아무래도 강렬한 단어들이죠. 정열! 분노! 사랑! 그리고 입술? 대체로 화장품에 빨강이 많이 사용되잖아요.

일부 학자들은 그걸 진화론적 관점으로 해석하기도 해. 배란기가 시작되면 암컷 유인원의 피부는 붉은색으로 변하는데 이것이 수컷을 유혹하는 신호가 되었거든. 자

연스럽게 빨간색을 생식 능력과 연결 지어 생각하면서 인류도 입술과 볼 등을 빨갛게 과시했다고 보는 거지.

만두

색이 우리 무의식에 그렇게 큰 영향을 끼친다고요? 그냥 사람들의 통념 때문이 아니고요?

요요

이를 뒷받침할 연구 결과도 있어. 어떤 연구에서는 남성이 빨간 옷을 입은 종업원에게 주는 팁이 다른 색깔을 입은 종업원보다 26퍼센트 더 많다는 결과를 발표하기도 했거든.

4부. 익숙한 물건과 공간에 담긴 뜻밖의 일상사

만두

정말 온갖 종류의 연구가 있네요. 그럼 저도 내일부터 빨간 옷을 입고 근무를 해야 하나.

아리

잠깐만요. 색의 의미는 시대별, 상황별로 다르지 않나요? 삼국지연의 같은 데서 관우의 얼굴빛을 붉게 묘사한 것도, 원래 경극에서 빨간색이 충성과 용맹의 상징이었기 때문이라고 알고 있어요. 정반대로 서양에서는 붉은 머리를 부정적으로 보기도 했고, 또 중세시대엔 매춘을 상징하는 색이라 부정적으로 봤고요.

요요

아리 얘기를 듣다 보니, 역사적 사건에 따라 색에 대한 의미가 바뀌기도 한 것 같네. 18세기 프랑스혁명 이후 빨강에는 좋은 의미가 부여되는데, 바로 '굳건한 의지'로 혁명의 상징이 된 거지. 당시 시민군은 죽음을 각오하고 싸우겠다는 의미로 피를 연상시키는 붉은색 깃발을 사용하기 시작했고, 빨강은 그렇게 '민중의 색'이라는 이미지를 얻었지. 꼭 역사적 사건이 아니더라도 색과 관련한 일화는 끊임없이 찾을 수 있어. 예를 들면, 미국의 SF 드라마 〈스타 트렉〉에선 등장인물이 빨간 셔츠를 입으면 죽는다는 '사망 플래그'의 역할을 한다거나….

아리

도대체 언제 적 〈스타 트렉〉 얘기예요? 2002년 월드컵 때 붉은악마 티셔츠 색이라면 몰라도.

요요

아리야, 붉은악마도 20년 전 얘기야.

만두

전 빨강 하면 산타클로스! 빨강이 왠지 따뜻한 느낌에 겨울이랑 잘 어울린다고 생각하는 이유도 산타클로스 때문인 것 같아요.

요요

사실 초기의 산타는 빨간색을 포함해서 초록색, 흰색, 갈색 등 다양한 색상으로 표현되었어. 1931년, 코카콜라의 광고를 담당했던 스웨덴 출신의 일러스트레이터 헤이든 선드블롬이 그린 삽화로 인해 코카콜라의 브랜드 컬러인 빨간색 외투를 입은 뚱뚱하고 유쾌한 산타가 오늘날 우리가 연상하는 산타로 자리 잡게 된 거야.

만두

헐, 산타 이미지도 알고 보니 빡쎈 마케팅으로 탄생한 거군요.

아리

콜라는 차가운 음료니까 겨울에는 자연스럽게 매출이 떨어지곤 했는데, 고심 끝에 사람들에게 친숙한 산타

　　　　　　　　4부. 익숙한 물건과 공간에 담긴 뜻밖의 일상사

이미지를 활용했다는 얘기는 마케팅 분야에서 대표적인 성공 사례죠.

요요

유행이나 트렌드의 첨단에 있는 패션 분야에서는 특히 적극적으로 색을 활용해. 특정 색이 정체성을 견고히 해주고 자신의 가치까지 높여줄 것이라는 인식을 적절히 이용하는 거지. 분홍이 여성성을 강조하는 색이 된 것도 그래. 사실 분홍색은 상남자의 색이었거든! 기본적으로 성별에 따라 옷을 입는다는 생각이 오늘날만큼 일반적이지는 않았지만, 1897년《뉴욕 타임스》의 기사를 보면 "분홍은 대개 남자아이의 색으로, 파랑은 여자아이의 색으로 간주된다"라고 적혀 있어.

만두

반전인데요? 그때는 분홍과 파랑에 부여되는 의미가 지금과는 좀 달랐나요?

요요

분홍은 피를 연상하게 하는 붉은빛에서 파생되었으니 대체로 대담한 남자아이들의 색이라 생각했어. 반면 성모 마리아의 색으로 여겨졌던 파란색은 차분한 느낌 때문에 얌전한 게 미덕이었던 여자에게 주로 요구되었고. 그 생각은 20세기 초반에 점차로 뒤집혔어.

여성성을 강조한 분홍의 콘셉트 광고가
대량으로 유통되면서

1930년대부터 분홍은 아름답고
예쁜 색이라는 인식이 생겼습니다.

가장 위대한 권투 선수로 기억되는 레이 로빈슨은
분홍 캐딜락을 구입해서 부러움을 샀는데요.

시간이 흘러 1960년대에 분홍에 대한 인식이 바뀌면서
그의 차는 놀림감이 되어버렸죠.

만두

어떤 계기가 있었던 거예요?

요요

1937년 초현실주의 디자이너였던 엘사 스키아파렐리가 여성용 향수 패키지에 '쇼킹 핑크'라고 이름을 붙였던 게 대표적인 일화 중 하나야. 이 제품이 반향을 불러일으키면서 분홍과 여성용 제품의 연관성이 생기기시작했지. 점차로 여성성을 강조한 분홍의 콘셉트 광고가 대량으로 퍼지면서 분홍에는 '아름답고' '예쁜' 이미지가 씌워지게 되었어.

만두

그 성별 마케팅 때문에 지금까지 여자아이들의 옷이나 문구, 장난감에 분홍이 쓰이고 남자아이들 물건에는 파랑이 주로 쓰이는군요? 그런데 아까 설명 없이 지나간 게 있었는데, 파랑은 성모 마리아의 색이었다고요?

짠미

성모 마리아는 비잔틴미술에서 대개 어두운 파란색 망토를 입은 모습으로 묘사되거든요. 가톨릭에서 마리아를 성인으로 열렬히 존경하던 시기가 12세기 무렵부터인데, 그때부터 마리아의 옷 색이었던 청색도 함께 유행하기 시작했어요.

〈성모자상〉, 1230년대.
출처: 메트로폴리탄 미술관

만두

혹시 마리아의 옷이 파랑이었던 이유가 있었어요?

짠미

원래 파란색은 자연에서 찾기가 어렵기도 했고, 유럽에서는 '애도'와 '우울'을 상징하는 색이어서 그렇게 선호되진 않았다고 해요. 그렇지만 고귀한 존재인 마리아를 표현하기에 가장 적절했고, 성모의 파란색만큼은 다른 파란색과 달리 '울트라마린' 같은 비싼 염료를 써서 차별화했다고 해요.

요요

파랑은 프랑스의 색깔이기도 하지! 지금도 프랑스 축구 국가대표팀은 파란색 유니폼을 주로 입거든. 한편

힌두교에서는 최고 신인 비슈누(크리슈나), 시바, 라마가 파란 피부로 묘사될 정도로 영적이고 생명력이 넘치는 색이라 여겨지기도 했어.

만두

그런데 파랑은 자연에서 얻기 어려웠나요? 생각해 보면 빨강은 과일이나 꽃, 흙에서 가져올 수 있을 것 같은데, 파랑은 색을 낼 수 있는 재료가 별로 없는 것 같은데요?

요요

맞아. 쉽게 얻을 수 있는 색이 아니었어. 파란색을 내려면 청금석이 필요했는데, 멀리 아프가니스탄의 바미얀에서 돌을 가져와야 했지. 물감을 만들기 위해 돌을 곱게 갈아야 하는 과정도 매우 고된 일이어서, 값이 아주 비쌌다고 해.

짠미

18~19세기의 조선시대에도 백자에 청화 안료를 사용해서 그림 그리는 게 유행이었잖아요. 청화 안료도 먼 서역에서 중국을 거쳐 들어오다 보니 아라비아인을 뜻하던 '회회(回回)'라는 말이 붙어 '회회청' 혹은 '회청'이라 불렸어요. 전량을 수입하다 보니 값도 아주 비쌌고요. 지금 보니까 파란색을 내는 원료를 수입하는 원산지가 비슷했네요.

4부. 익숙한 물건과 공간에 담긴 뜻밖의 일상사

요요

백자 얘기가 나와서 말인데, 백자를 빚기 위해서는 흙에 불순물이 거의 없어야 해. 그래야 맑고 투명한 백자를 만들 수 있지. 이처럼 흰색은 다른 것들이 섞이지 않은 깨끗함, 때 묻지 않은 '순수함'을 상징하지. 반대로 흰색과 대비되는 검은색은 자연스럽게 부정적인 의미로 쓰여.

만두

검정은 '죽음'을 대표하는 색이죠? 장례식에서도 모두 검은 옷을 입고, 검은색 장의차를 타잖아요.

우울이 낳은 예술, 피카소의 청색시대

현대예술의 거장 피카소도 깊은 슬픔과 우울을 표현하기 위해 파랑을 사용했습니다. 1901년 피카소는 절친한 친구였던 카를로스 카사게마스가 스스로 목숨을 끊는 일을 겪으며 우울증을 앓게 되었습니다. 이 시기의 피카소는 그의 작품을 투명하면서도 차가운 깊이를 불어넣는 프러시안 블루로 물들였습니다. 이와 같은 경향을 보이는 1901년부터 1904년까지를 피카소의 '청색시대'라고 부릅니다.

맞아. 그런데 흥미롭게도 서양에서는 처음에 망자를 애도하려는 목적이 아니라 망자로부터 멀리 떨어지려는 목적에서 검은 옷을 착용했어. 검은색이라야 망자의 영혼이 우리를 알아보지 못해 쫓아오지 않는다고 믿었던 거지.

아, 그런데 우리나라는 옛날에 흰색 상복을 입지 않았나요. 뭔가 검은색 상복하고는 의미가 달랐을 것 같은데요?

맞아. 당시 흰색은 하늘과 태양, 시작을 의미하는 색으로 여겨졌기 때문에 조선시대 사람들은 망자가 이승을 떠나 더 좋은 곳으로 가길 바라는 의미로 흰색 상복을

4부. 익숙한 물건과 공간에 담긴 뜻밖의 일상사

착용했어. 하지만 점차 서양 문화가 전파되면서 검은색 상복을 입는 게 보편화됐지.

만두

동서양에서 죽음을 바라보는 시각이 다르다 보니, 상징하는 색도 달라졌군요. 얘기를 듣고 보니, 색깔에는 사회적·문화적·역사적 상황에 따라 정말 다양한 의미가 부여되는 것 같아요! 파란색과 분홍색처럼, 색 때문에 선입견이 생기기도 하지만 또 한편으로는 그 선입견을 바꾸려는 시도도 계속 이어지고 있고요.

요요

전 세계에 충격을 줄 만큼 강하고 담대한 색이 등장한다면 앞으로도 또 다른 의미를 갖게 되겠지? 예를 들어, 나 때문에 앞으로 보라색이 지적이고 섹시한 남자의 상징이 되는 새로운 역사가 시작된다거나?

만두

아마 인류가 멸망하기 전까지는 그런 일이 일어날 리가 없을걸요?

요요

농담이야, 농담. 정색, 멈춰!

저항과 애도의 상징이 된 노란 리본

서구 문화권에서 노랑은 오랫동안 부정적인 이미지로 사용되었습니다. 금색은 반짝이고 빛이 나서 환희와 권력을 가져다주는 색이지만, 금색과 비슷하면서도 그에 미치지 못하는 색으로 인식된 노랑은 배신, 질병, 쇠퇴와 같은 부정적인 의미를 전달하는 색이었죠. 아시아에서는 의미가 달랐습니다. 중국에서는 오로지 황제만이 노란 옷을 입을 수 있었기 때문에 부와 권력, 지혜를 상징했습니다.

노랑은 1867년 미국 캔자스주에서 여성 참정권 운동가들이 항의의 상징으로 사용하면서 완전히 다른 의미를 지니게 되었습니다. 여성 참정권 운동가 단체는 캔자스의 야생 해바라기를 뜻하는 노랑을 공식 색으로 삼아 노란 장미, 노란 장식띠 등을 각종 집회와 행진에 사용하기 시작했습니다. 2014년 홍콩의 민주주의 시위 때에도 사람들은 길거리마다 노란 리본을 묶었고, 경찰 폭력에 반대하고 저항하는 의미로 사용했습니다.

한편 노란 리본은 애도의 의미로 사용되기도 합니다. 미국에서는 오래전부터 조국을 위해 목숨을 바친 병사를 기리기 위해 노란 리본을 사용해 왔습니다. 2014년 한국에서도 세월호 침몰 참사 당시 실종자와 생존자의 무사 귀환을 바라며 노란 리본 운동을 벌였습니다.

18

500년 전 '패션피플'은 어떻게 꾸몄을까?

상남자가 더 환장했던 '귀염뽀짝' 레이스 장식과 패션의 역사

 아! 망했다. 어제 월급 기념으로 지른 새 옷에 잉크가
묻어버렸잖아?

 너 그거 저번에 산 거랑 똑같은 후드잖아? 왜 맨날 똑
같은 기본템만 몇 벌씩 사는 거야? 그렇게 같은 옷 돌
려 입는 거 지겹지도 않니?

아침마다 고민 안 하고 입던 대로 입으면 얼마나 편한데요. 근데 팀장님이야말로 어제 입은 남방이랑 오늘 입은 남방이랑 같은 거 아녜요?

야, 어제 입은 체크 남방이랑 오늘 입은 체크 남방이랑 완전 다르지. 어제는 '건 클럽 체크'였고 오늘은 '타탄 체크'잖아.

뭐라고요? 검 글러브? 타이탄? 체크무늬마다 이름이 있는 거였어요?

넌 '패알못'이라 잘 모르겠지만, 패션의 생명은 디테일이라구. 건 클럽은 미국의 사냥 클럽에서 시작된 작은 격자무늬고, 타탄은 스코틀랜드 전통 무늬로 훨씬 복잡한 격자무늬야. 비슷해 보이는 체크 패턴 하나에도 다 역사가 있는 법이거든. 어디 보자. 내가 지금 입고 있는 남방 단추는 스냅 단추지?

스냅 단추? 그것도 처음 들어보는데…. 그냥 똑딱이 아니에요?

4부. 익숙한 물건과 공간에 담긴 뜻밖의 일상사

요요

아무래도 안 되겠다. 오늘은 패션에 대해 좀 배워야겠어! 일단 요 작은 단추부터 시작해 보자. 단추는 처음엔 동물 뼈 같은 걸로 만들었어. 옷자락을 연결해 주는 소품이랄까? 그러다가 우리에게 익숙한 단추는 1250년경 프랑스의 단추 제작자 조합이 생긴 다음부터 제작되기 시작해. 처음에는 구리나 유리로 아주 정교한 단추를 만들었지.

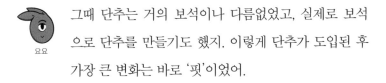
만두

구리나 유리로 만든 단추를 달고 다니려면 꽤 무거웠겠는데요?

요요

그때 단추는 거의 보석이나 다름없었고, 실제로 보석으로 단추를 만들기도 했지. 이렇게 단추가 도입된 후 가장 큰 변화는 바로 '핏'이었어.

아리

정확한 우리말 표현은 '옷맵시'죠, 팀장님. 바른 말 고운 말 씁시다.

요요

아리야, 너 전에는 나한테 맞춤법 검사기냐고 뭐라고 하지 않았냐?

그때랑 지금이랑 상황이 완전히 다른데요? 그때는 만두가 실수했고, 지금은 팀장님이 잘못한 거잖아요.

마음 넓은 내가 이해해야지…. 다시 얘길 이어가자면, 단추는 밋밋했던 옷의 디자인을 확 바꿨어. 소매나 목둘레를 단추로 좁힐 수 있게 되자 옷감 속에 묻혀 있던 몸의 실루엣이 확 드러난 거야. 당시의 '패션 피플'들이 꽂혀 있던 포인트는 팔뚝을 최대한 꼭 끼게 붙이는 것이었지. 사람들은 팔뚝을 돋보이게 하려고 단추를 팔의 선에 따라 일렬로 달기도 하고, 단추에 구리나 천을 덧대서 개성을 드러내기도 했어. 17세기 바로크시대가 되면, 단추는 본격적으로 자신의 위상을 드러내는 도구가 됐고, 엄청난 양의 단추가 사용되기 시작하지.

점점 단추가 부와 권위의 상징이 됐군요. 그런데 엄청난 양이라고 하면 대체 얼마나 달았던 거예요? 줄을 세워서 달기라도 했어요?

그냥 줄을 세우는 정도가 아니야. 기록을 근거로 추론해 보면 그냥 단추로 옷을 만들었다고 할까? 16세기 프랑스의 프랑수아 1세는 무려 1만 3600개의 금 단추

4부. 익숙한 물건과 공간에 담긴 뜻밖의 일상사

로 장식된 웃옷이 있었다 하고, 비슷한 시기의 영국의
엘리자베스 1세는 48개의 금 단추 장식이 있는 장갑을
착용했다고 해.

만두

생각만 해도 환공포증이 올라올 것 같은데요? 옷을 여미
는 기능이랑 상관없이, 정말 장식하는 데 사용한 거네요.

짠미

17세기 유럽에서 제일 유명했던 플랑드르의 궁정화가
안토니 반다이크 작품 중에서 기억에 남는 초상화가
있어요. 〈존 스튜어트 경과 그의 형제 버나드 스튜어트
경〉인데, 뭔가 거만한 눈빛으로 옷에 단추 많은 거 자
랑하고 있는 거 같죠?

안토니 반다이크, 〈존 스튜어트 경과 그의 형제 버나드 스튜어트 경〉(부분), 1638년 경. 스튜어트 형제는 잉글랜드의 국왕인 찰스 1세의 사촌이었다.

출처: 내셔널 갤러리

으, 왠지 호감이 안 가는 인상인데요. 눈빛이나 표정에서 사람을 깔보는 듯한 느낌이 들어요.

만두

초상화 속의 인물들은 딱 보기에도 신분이 높아 보이지? 사치 부리는 사람들이 급격히 늘어났던 프랑스에서는 이를 단속하기 위해 호사스러운 단추를 관리할 정도였지. 또 비슷한 시기에 또 다른 재밌는 단추도 등장해. 호박 보석처럼 유리 단추에 꽃이나 벌레를 넣어서 나만의 단추를 만들기도 했고, 좋아하는 사람의 머리카락을 넣어서 단추로 만들어버리는 사랑꾼들도 있었지.

요요

만두

머리카락을 넣어서 단추를 만드는 건 좀…. 그런데 저 그림을 보면 남자들이 목에 레이스를 두르고 있는데요? 저 때는 남자들 옷에도 레이스 장식이 쓰였나요?

요요

오, 아주 자세히 봤구나? 과거에는 레이스야말로 남자들의 장식이었지. 사람들은 옷소매나 장화 위, 심지어 외투까지 레이스를 달아서 남자다움을 뽐냈어. 그야말로 패션 좀 안다고 하는 남자들의 '필수템'이라고 할까?

만두

대체 왜 그렇게 인기가 있었던 거예요? 뭔가 중요한 기능이 있나요? 따뜻할 거 같지도 않고, 찢어질까 봐 편하게 움직이지도 못할 테니까 실용성이랑도 거리가 먼 것 같은데.

요요

만두가 보는 그대로야. 지위와 취향을 드러내고 부를 과시하는 것 외에 별다른 기능이 없지. 반면, 레이스가 완성되기까지는 한 땀 한 땀 오랜 시간 공들여 만들어야 해. 레이스 제작에는 엄청난 공력이 들어가는데 구조가 복잡한 레이스는 바늘 600개 정도를 써서 만든 것도 있었어.

화려한 레이스 뒤에 드리운 그늘

레이스가 유행하자 부유한 사람들은 많은 돈을 쓰면서까지 레이스 장식을 사려고 안달이 났지만, 정작 레이스를 짜는 사람들은 그만큼의 돈을 받지 못했습니다. 당시 상인·장인들의 조합인 길드는 대부분 여성의 가입에 제한을 두었는데, 레이스 직공들은 대개 여성이어서 협회나 길드에 참여하기 어려웠습니다. 길드의 안전망이 없으니 일자리가 안정적이지 못했고 정당한 대가를 지불받지 못했던 거죠.

아리

요즘엔 레이스를 기계로 만들죠? 하나하나 손으로 만든다고 생각하니까, 정말 고급 소재일 수밖에 없겠어요.

요요

레이스는 아주 섬세해서 쉽게 찢어지고, 때가 타고, 올이 풀려버리는 사치품이었어. 17세기 레이스에 과몰입했던 유럽 사회에서는 옷에 레이스가 없으면 뒷담화 대상이 되기도 했지.

니컬러스 힐리어드, 〈엘리자베스 1세〉,
1575년경.
출처: 영국 국립 초상화 미술관

짠미

확실히 레이스가 부와 권력의 상징이었나 봐요. 흔히
'레이스와 사랑에 빠진 여왕'이라고 불리는 엘리자베
스 1세는 거의 모든 초상화에서 레이스에 휘감긴 모습
으로 묘사되거든요.

요요

엘리자베스 1세는 유럽 문명의 변방 취급을 받던 잉글
랜드를 '해가 지지 않는 나라'로 만든 명군이야. 『로미
오와 줄리엣』 같은 윌리엄 셰익스피어의 문학과 프랜시
스 베이컨의 경험주의 철학도 이때 탄생했지.

아리

표정도 멋있고 권위도 있어 보이긴 하는데, 목 부분의 레이스는 좀 과한 거 아닌가요? 굉장히 불편해 보이는데요?

요요

패션을 위해서라면 불편도 좀 감수할 수 있지. 무엇보다 다른 나라의 왕과 왕비에게 꿀리면 안 되잖아. 사회적 영향력을 끼치는 비언어적 의사소통이랄까? 초상화를 통해서 엘리자베스 여왕이 어떤 말을 하고 싶은지 짐작이 가지?

만두

다시는 잉글랜드를 무시하지 마라, 이런 느낌? 아무리 그래도 전 레이스 장식이나 뭐 그런 패션에 신경 쓰는 것보다 그냥 편하게 티셔츠 한 장 입고 다니는 게 가장 좋아요.

요요

오호, 티셔츠도 굉장한 패션 아이템이란 걸 모르니? 굉장히 단순해 보이지만, 엄청나게 역사가 오래됐다고. 유래를 찾으면 중세까지 거슬러 올라가.

만두

와, 얘기를 끝내려고 해도 벗어날 수가 없네. 그래, 중세에는 누가 티셔츠를 입었어요?

티셔츠의 유래는 군인들이 입던 리넨셔츠야. 이 시기 군인들은 옷 안쪽부터 철사가 그물처럼 엮인 딱딱한 갑옷을 입었는데, 맨몸에 입고 움직이다 보면 상처가 많이 생겼지. 이를 방지하기 위해 아무 무늬 없는 린넨 소재의 옷을 안에다 받쳐 입은 게 시작이었어. 또 귀족들도 티셔츠를 입었어. 값비싼 옷을 보호하기 위해서 안에 얇게 덧대 입은 거지.

얘기를 들어보니까 그때 티셔츠는 그냥 속옷이었나 보네요. 중세 사람들이 보기에 요즘 사람들은 속옷만 입고 당당하게 거리를 활보하는 것처럼 보이겠다. 꽤나 황당하겠는데요?

지금은 레이스 장식이 주로
여성복이나 아동복에 쓰이지만

과거에는 여자뿐 아니라
남자들도 열광했다고 합니다.

4부. 익숙한 물건과 공간에 담긴 뜻밖의 일상사

귀족들은 레이스가 별로 없는 옷을 입으면
뒷담화를 하거나

초상화에 레이스가 제대로 표현되지 않으면
싸움이 일어나기도 했습니다.

맞아. 티셔츠는 20세기까지 속옷이나 다름없었어. 특히 제1차 세계대전 때 미 해군은 면으로 된 옷을 병사들에게 보급해서 속옷으로 널리 애용했거든. 이때의 디자인이 바로 깃이 없는 크루넥, T자형으로 지금 우리가 입는 티셔츠와 가장 비슷한 형태야.

그럼 언제부터 티셔츠를 겉옷으로 입기 시작했나요?

두 차례에 걸친 세계대전 이후 티셔츠는 속옷이 아닌 겉옷으로도 입게 돼. 만두가 이미 잘 알고 있는 것처럼 티셔츠가 얼마나 편하니? 군인들이 전역 후에 평소에도 입고 다닌 게 유행을 한 거야.

엇, 가끔 팀장님이 깔깔이 입고 다니시는 거랑 비슷한 건가요?

그… 그렇지. 워낙 편하기도 하고, 당시 군인들이 입고 다니는 티셔츠는 나라를 위해 헌신한 영웅의 상징이기도 했으니 자연스럽게 인기를 끌게 된 거야.

4부. 익숙한 물건과 공간에 담긴 뜻밖의 일상사

역시, 편리하기도 하고 위생적으로 입을 수 있는 기본 티셔츠가 최고죠!

패션에 숨어 있는 디테일을 이렇게 얘기해도 만두는 정말 관심이 안 생기나 보다.

팀장님, 옷은 그냥 여름에 시원하고 겨울에 따뜻하면 돼요. 그리고 저는 저만의 고유한 스타일을 추구하고 있답니다?

맞아요! 사람마다 스타일이 있는 거라고요. 팀장님, 지금 설마 복장 단속하시는 거예요?

내가? 절대 아니지. 패션엔 정답이 없으니까. 자기가 추구하는 가치관이 확실하면 그게 옷으로도 드러나고, 세상에 하나뿐인 고유한 스타일이 되는 거거든. 프랑스의 천재 디자이너 이브 생로랑은 이렇게 말했지. "유행은 사라지지만, 스타일은 영원하다."

장인 정신이 깃든 최고급 맞춤복, 오트 쿠튀르

패션에서 최고급 맞춤복을 오트 쿠튀르(haute couture)라고 부릅니다. 프랑스어로 쿠튀르(couture)는 '의상실', '봉재'라는 뜻이며 오트(haute)는 '상류의', '높은 곳의'라는 형용사로, 오트 쿠튀르는 '최고급 바느질'이라는 뜻입니다.

오트 쿠튀르는 찰스 프레더릭 워스(1825~1895년)에 의해 시작되었습니다. 프랑스 왕실에 고용된 드레스 메이커였던 그는 1858년경부터 맞춤 의상을 선보였고, 그 의상들이 전 세계 패션의 유행을 결정했습니다. 그리고 1910년, 워스의 후계자들이 '파리의상조합'을 결성하여 일 년에 두 번 파리에서 오트 쿠튀르 패션쇼를 개최한 전통이 오늘날까지 이어지고 있습니다.

오직 파리에서만 열리는 오트 쿠튀르는 오랜 역사를 자랑하는 행사인 만큼, 참가 자격이 매우 까다롭습니다. 파리의상조합에 가입해야 컬렉션에 참여할 수 있는데, 파리의상조합에 가입하기 위해서는 파리에 작업실이 있어야 하며, 최소 20명 이상의 재단사를 두고, 매 시즌마다 35벌 이상의 디자인을 선보여야 하는 등의 필수 조건을 충족해야 합니다. 게다가 이미 조합에 가입한 곳이라도 이후에 조건을 충족시키지 못하면 회원 자격을 박탈당합니다. 손바느질로 구슬과 레이스를 달고 자수를 놓는 디자이너의 손끝에서야 비로소 극도로 섬세한 예술적인 의상이 탄생합니다.

19

최첨단 과학 기술의 결정체! 학용품의 역사

몰라도 얼마든지 졸업 가능한 문구 TMI

만두

수정 테이프가 다 떨어졌네. 저 잠시 문방구 좀 다녀올 게요.

짠미

펜하고 수정 테이프 따로 쓰세요? 저 요즘 지워지는 펜 쓰고 있는데 완전 신세계예요. 한번 써보실래요?

오, 이거 저한테 꼭 필요한 펜이네요! 근데 연필도 아니고 잉크가 어떻게 지워지지? 지우개 가루도 안 나오네?

연필과 펜은 지우는 방법이 완전히 달라. 연필심의 성분이 흑연인 건 알지? 지우개로 문지르면, 지우개에서 떨어져 나간 소량의 고무가 종이 위에 흩뿌려져 있는 흑연 입자를 감싸면서 함께 떨어져 나가는 원리야. 지우개 가루에 흑연이 묻는 거니까 지우개 가루도 까매지고.

펜은 흑연이 아니라 잉크라서 지우개로 지울 수 없는 거죠? 잉크는 종이에 빠르게 스며드니까요.

맞아. 그런데 연필과 지우개 사이엔 재밌는 사실이 하나 더 있어. 연필과 지우개라고 하면 흔히 한 세트처럼 생각되지만, 연필은 1560년대에 발명됐고 지우개가 제품으로 사용된 건 1770년대야. 둘의 발명 사이에 상당한 시간이 걸린 거지.

4부. 익숙한 물건과 공간에 담긴 뜻밖의 일상사

만두

지우개가 없을 땐 그럼 어떤 물건으로 지웠어요? 종이 도 비쌌을 텐데….

요요

고무를 지우개로 쓰자는 발견은 아주 우연한 계기로 이뤄졌어. 1770년 영국의 화학자 조지프 프리스틀리가 책상 위에 굴러다니던 고무 덩어리를 장난삼아 연필로 쓴 글씨에 대고 문질렀는데, 놀랍게도 글씨가 너무 깨 끗이 지워졌어. 고무 표면에는 여러 가지 물질이 잘 달 라붙는 성질이 있다 보니 종이와 흑연 가루를 분리시 킨 거야.

만두

근데 요즘 우리가 쓰는 지우개는 플라스틱이잖아요. 포장지에 항상 플라스틱 지우개라고 적혀 있던데요.

요요

지우개의 원료는 몇 번의 변화를 거쳤거든. 처음에는 생고무를 지우개로 사용했는데 쓰다 보니 치명적인 단 점을 발견하게 됐지. 일단 고무가 물러서 쉽게 부서졌 어. 그리고 온도 변화에 민감해서 온도가 높으면 끈적 거리고 낮으면 딱딱하게 굳어버렸어. 이런 고무 지우 개의 단점을 해소한 게 미국의 화학자 찰스 굿이어야.

굿이어? 이름이 왠지 굿인데요? 물렁한 고무의 문제점을 어떻게 해결한 거예요?

굿이어는 고무가 언젠가는 여러 방면에 널리 사용될 것으로 생각해서 평생을 고무 연구에 매달린 사람이었어. 그의 고향이었던 코네티컷주에서 그를 찾으면 "고무로 만든 옷을 입고, 고무 신발을 신고, 돈이 없어 돈한 푼 안 들어간 고무 지갑을 갖고 있는 사람이 그 사람이에요"라고 말할 정도였지.

그야말로 고무에 미친 사람이군요? 당시 사람들한테는 별로 인정받지 못했나 봐요.

그래도 노력하는 사람은 하늘이 돕는다고 하지? 여러 연구를 거듭하던 그는 1839년 어느 날 실수로 유황 섞인 고무 조각을 뜨거운 난로에 떨어뜨렸어. 근데 신기하게도 고무가 녹지 않고 약간 그슬리고 마는 거야. 그렇게 굿이어가 고무에 황을 가해서 가공하면, 고무의 탄성과 내구성이 좋아진다는 걸 발견하면서 더운 날에도 끈적이지 않는 고무가 탄생할 수 있었어.

만두

신기해요. 생각보다 우리 주변에는 우연한 계기로 발견하게 된 게 많군요!

요요

그는 연구를 거듭해서 고무에 황을 더하는 '고무 가황법'을 정리했지. 그리고 시간이 좀 더 흘러 굿이어가 발견한 고무 가황법으로 자동차의 타이어도 개발될 수 있었어.

아리

그래서 플라스틱 지우개는요? 아까 만두가 물어본 건, 요즘엔 고무 대신 플라스틱 지우개를 쓰는 거 아니냐는 거였어요.

요요

미안, 얘기하다 보니 다른 길로 샜네. 플라스틱 지우개를 처음 개발한 곳은 일본의 SEED사로 알려져 있어. 그전까지는 SEED에서도 천연고무로 지우개를 만들었는데, 일본이 태평양 전쟁을 벌이다 고무 수입이 통제되자 지우개를 만들 새로운 방법을 시도한 끝에 종전 후인 1956년에 완성했지. 플라스틱 지우개는 성능도 뛰어나고 더 적은 비용으로 제작할 수 있어서 사람들에게 점점 널리 쓰이기 시작했어. 맞다! 그런데 다들 플라스틱 지우개랑 자를 필통에 같이 넣었을 때 서로

고무에 자기 인생을 바친 굿이어

찰스 굿이어(1800년~1860년)는 독학으로 고무 제조법과 품질개량을 연구하는 데에 자신의 전 재산과 인생을 바쳤습니다. 하지만 예상과 다르게 그는 생전에 고무 연구로 경제적 이익을 얻지 못했습니다. 지속적인 연구 실패로 인해 재산을 다 써버렸고, 특허를 얻는 데까지도 많은 어려움을 겪으면서 그가 죽을 때에는 빚만이 남아있는 상태였죠. 그렇지만 그의 헌신적인 연구 덕분에 오늘날 우리는 곳곳에서 고무를 편리하게 이용할 수 있게 됐습니다.

달라붙은 걸 본 적 있지?

만두

아, 맞아요! 전 그게 온도가 높아서 지우개가 녹았나 했어요. 사람 몸도 여름이 되면 끈적이는데 지우개도 그러겠지 하고요.

아리

여름이 더 심하긴 하지만, 이상하게 겨울에도 달라붙 어 있던데….

요요

지우개랑 자를 겹쳐둘 때 서로 달라붙는 건 지우개에 디옥틸프탈레이트라는 가소제가 첨가돼 있어서 그래. 지우개의 원료로 사용되는 폴리염화비닐은 잘 부서지 는 특성이 있는데, 플라스틱을 좀 더 부드럽게 만들어 서 이 문제를 해결하기 위해 가소제로 디옥틸프탈레이 트를 넣는 거지.

만두

아하! 그러니까 지우개랑 붙어 있을 때 그 가소제가 플 라스틱 자를 녹여서 서로 달라붙는 거군요? 화학 반응 이 일어나고 있었다니….

맞아. 그 성분이 온도가 높을수록 활발해지다 보니, 여름에 특히 더 심해지는 거고.

지우개를 쓸 때 종이 포장지를 버리지 말아야 하는 과학적인 이유가 있었군요.

우리가 쓰는 문구의 디자인에는 인체 공학적인 이유도 아주 중요해. 예를 들어, 연필이 대부분 육각형인 이유는 왜일까?

글쎄요. 보통 객관식 시험이 오지선다형이니까, 연필 굴려서 잘 찍으라고요?!

요요

그럴 리가 없겠지? 신체 구조상 보통 연필을 세 손가락으로 집는 경우가 많은데, 이때 연필의 단면이 3의 배수여야 우리 손에 안정적으로 잡히기 때문이야.

만두

그렇구나. 그런데 아까 지우개보다 연필이 먼저 개발되었다고 했잖아요. 연필은 언제 만들어진 거예요?

요요

연필의 역사는 꽤 오래됐지. 16세기경부터 끈으로 흑연을 돌돌 말거나, 나무에 틈을 내서 흑연 결정을 꽂아 사용했다는 설들이 있어. 그러다가 우리가 아는 형태의 연필은 1795년 프랑스의 니콜라 자크 콩테가 제작했지.

짠미

콩테? 콩테는 화가 아녜요? 분명히 이름을 들어본 기억이 있어요.

요요

역시 짠미가 잘 아는구나? 화가이면서 과학자이기도 했어. 콩테는 흑연심이 자주 부러지는 것 때문에 몹시 짜증이 났다고 해. 아무리 조심히 써도 맥없이 부러지는 연필심 때문에 여러 작품을 망치고 말았거든.

만두

화가가 필요에 따라 연필을 만든 거군요. 역시 목마른 사람이 우물을 파는 거죠.

요요

처음에는 흑연 가루를 모아서 심을 만들었는데 마치 쿠크다스처럼 부서져 버렸어. 그러던 어느 날 흑연도 도자기 그릇처럼 구우면 단단해지지 않을까 생각해서 구워봤더니 정말로 한결 단단해졌고, 지금의 연필심이 탄생할 수 있었어.

짠미

그렇게 연필의 경도와 농도가 다양해졌군요. 학교 다닐 때 미술 선생님이 4B연필 준비하라고 하잖아요. B 앞의 수가 클수록 연필심이 물러서 진하게 그려지거든요. 그래서 그림 그릴 때는 글씨 쓸 때보다 힘을 덜 쓰고요.

요요

연필심이나 샤프심에 쓰여 있는 H는 경도(Hard), B는 농도(Black)를 뜻하거든. 알파벳 앞의 숫자가 클수록 더 강하지. 4H는 2H보다 단단하고, 4B는 2B보다 진한 식으로 말이야. 참고로 연필 한 자루로 선을 쭈욱 그으면 50킬로미터까지 그릴 수 있다고 해. 대략 서울에서 용인 에버랜드까지 가는 거리보다도 길지.

4부. 익숙한 물건과 공간에 담긴 뜻밖의 일상사

만두

연필이랑 지우개는 좀 알겠는데요, 그래서 지워지는 펜의 원리는 뭐예요?

요요

아직 그 얘길 못 꺼냈네. 지워지는 볼펜 역시 정말 혁신적이지 않니? 흑연 같은 가루도 날리지 않고, 잉크로 깔끔하게 써지잖아. 나는 초등학교 졸업한 이후로 연필은 거의 안 썼어. 색색의 펜을 더 선호했지. 손에 묻어나는 게 얼마나 싫던지….

아리

팀장님. 지금 이 모든 얘기가 펜과 연필이 지워지는 방법이 다르다는 데서 시작된 거 아시죠? 지금 TMI 너무 많거든요? 빠른 설명 부탁드릴게요.

요요

아, 그래. 펜이 지워지는 이유는 바로 특수 잉크에 있어. 문지를 때 발생하는 마찰열에 특수 잉크가 반응하면서 색이 지워지는 거야. 잉크의 안료가 되는 마이크로캡슐 속에는 류코 염료와 현색제, 변색온도조정제가 들어 있어. 상온에서 류코 염료랑 현색제가 결합하면 발색이 되는 거지.

볼펜은 1938년 헝가리의 신문기자
라슬로 비로의 손에서 탄생했습니다.

만년필은 툭하면 잉크가 새고
잘 안 말라서 번지는 문제점이 있었습니다.

어느 날 흙탕물이 묻은 공이
굴러가는 걸 보고 아이디어를 얻은 비로.

그는 펜촉에 볼을 달아 잉크가 잘 나오도록 하여
특허를 얻었습니다.

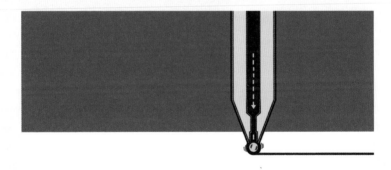

만두

마찰열? 상온? 온도 얘기를 하는 거 보니까 또 열 때문에 바뀌나 본데?

요요

맞아. 그 잉크가 마찰열을 받으면 현색제와 류코 염료의 결합이 끊어지게 돼. 류코 염료는 본래 무색인데, 결합이 끊어지면서 본래의 색인 무색으로 돌아가게 되는 거지!

만두

아하! 흑연은 종이랑 분리되면서 지워지는데 잉크는 종이와 분리되는 게 아니고 색이 사라지는 거군요.

요요

바로 맞혔어. 이렇게 알고 보니 과학사도, 화학도 어렵지 않지? 앞으로 연필이든 지우개든 문구류를 쓸 때마다 요런 역사 · 과학 상식들도 찾아서 배워두라고.

만두

앞으론 그냥 종이랑 펜 말고 디지털시대에 발맞춰서 살아갈게요.

아리

짠미

저희도요.

샤프 연필의 역사

우리가 가장 흔히 사용하는 학용품인 샤프 연필은 깎지 않아도 쓸 수 있는 연필을 만들겠다는 발상에서 개발되기 시작했는데요. 그 기원은 무려 1882년 영국까지 거슬러 올라갑니다. 현재의 샤프와 가장 흡사한 물건은 1915년 일본의 샤프전자에서 처음으로 출시됐습니다. 회전식으로 샤프심이 나오는 물건이었는데, 처음에는 별로 인기가 없었다고 합니다. 샤프를 쥐는 부분이 금속이어서 당시 일본인의 고전 복장과 어울리지 않았고, 금속 특유의 차가운 촉감 때문에 사람들이 꺼렸던 것이죠.

샤프가 인기를 끌기 시작한 건 일본이 아니라 미국에서였습니다. 미국에서 샤프가 인기를 끌면서 일본은 물론 전 세계에 팔리기 시작했죠. 샤프심은 연필심보다 얇아서 글씨를 쓰기에 더 편리합니다. 이런 얇은 굵기가 가능해진 이유는 흑연과 점토로 만든 연필심과 달리, 샤프심은 흑연과 플라스틱 수지로 만들기 때문이죠. 열처리한 다음 마지막으로 기름에 담가주기 때문에, 얇으면서도 단단하고 매끄러운 샤프심을 만들 수 있습니다.

20

우리는 언제부터 '밥심'의
민족이었을까?

한국인이 사랑한 밥과 밥그릇의 역사

 점심 먹고 오세요. 저는 오늘 입맛이 좀 없어서 그냥
간단히 샌드위치 먹으려고요.

 혹시 무슨 일 있는 건 아니지? 입맛 없을수록 더 잘
먹어야 하는데…. 근처에 뜨끈하고 든든한 콩나물국
밥 진짜 맛있게 하는 집 있는데, 같이 갈래?

4부. 익숙한 물건과 공간에 담긴 뜻밖의 일상사

혹시 다이어트 같은 거 하는 거야? 어차피 지금 샌드위치 먹었다가 이따 간식으로 라면 먹고 과자 먹고 할 거면, 그냥 점심을 제대로 먹고 오는 게 나을걸?

잔소리 그만! 알겠어요, 얼른 밥 먹으러 가요.

그럼 오늘 점심은 순댓국 먹으러 갈까? 아, 근데 방금 만두랑 아리의 대화는 정말 전형적인 한국인 같았어. 우리는 온갖 안부 인사를 밥으로 할 정도로 밥에 미친 민족이잖아? 다른 사람 걱정할 때도 "밥은 꼭 챙겨 먹어야지" 하고, 고마울 때도 "내가 나중에 밥 살게" 하고, 대화 끝날 때도 "언제 우리 밥 한번 먹자"라고 하니까 말이야.

협박할 때도 "콩밥 한번 먹어볼래?" 하고, 팀장님이 잘난 척할 때는 "밥맛 떨어진다" 하는 것처럼요?

마지막에 뭐라고? 잘 못 들었습니다?

근데 저는 끼니로 밥 먹어야 먹은 것 같고, 밥 먹을 때 뜨끈한 국이 있어야 하는 한국인 DNA를 타고나긴 했

어요. 한국에서 태어나면 다 국밥을 좋아하게 되는 건가?

한국인이 국밥 좋아하는 데에는 다 이유가 있지. 일단 한국인의 밥상 차림부터 생각해 봐. 한반도는 산이 많은 지형이라 내륙지방에서 생선은 초레어템이었고 고기도 구하기 어려웠어. 그렇다 보니 곡식이나 채소 위주로 식사를 해야 했고, 주로 쌀, 보리, 조, 기장, 콩, 수수, 옥수수 등을 밥으로 지어서 먹었고.

그런데 쌀밥만 먹어서는 필수 영양소를 다 섭취할 수 없지 않나요? 약간의 단백질과 지방을 제외하면 거의 탄수화물일 텐데.

4부. 익숙한 물건과 공간에 담긴 뜻밖의 일상사

그치. 밥으로만 하루치 영양소를 전부 섭취하려면 열 그릇은 넘게 먹어야 할 거야. 그래서 옛날 사람들은 웬만한 요즘 '먹방' 유튜버만큼 엄청난 양을 먹어댔어. 지금 우리가 사용하는 밥그릇은 350그램이 들어가는 정도지만, 조선시대에는 690그램, 고려시대에는 1040그램, 고구려시대에는 무려 1300그램의 밥그릇이 발굴됐지.

충격적인데요. 그럼 고구려 사람들은 한 끼에 네 그릇은 거뜬히 먹은 거잖아요. 정말 한 끼에 그걸 다 먹은 건가요?

무덤 벽화에 나오는 시루나 밥그릇 크기를 보면, 정말 많이 먹었다는 걸 알 수 있어. 『삼국유사』에도 신라의 태종무열왕 김춘추의 하루 식사량을 이렇게 적고 있어. "하루에 쌀이 여섯 말, 술이 여섯 말, 그리고 꿩이 열 마리였다." 물론 이때 왕의 수라는 혼자 깨끗이 다 먹는 게 아니라 남은 음식을 아래의 신하들이 나누어 먹는 방식이긴 했지만, 정말 엄청난 양이지? 참고로 삼국시대 기준으로 쌀 한 말이 2킬로그램 정도니까, 하루에 12킬로그램을 먹었다는 얘기야.

18세기 조선시대의 생활 모습을 알 수 있는 김홍도의 〈풍속도 화첩〉(왼쪽)과 개항기에 촬영된 식사 장면(오른쪽)

짠미

저도 단원 김홍도의 풍속도를 보다가 그림에서 묘사된 밥그릇 크기를 보고 깜짝 놀랐어요. 밥그릇이 거의 사람 머리통만큼 크더라고요.

요요

개항기에 찍은 사진 자료를 봐도 밥그릇의 크기가 심상치 않지. 요즘 사람들이 먹는 양은 정말 간에 기별도 안 가는 양일 거야.

4부. 익숙한 물건과 공간에 담긴 뜻밖의 일상사

만두

밥그릇만큼이나 국그릇도 엄청난데요? 아, 설마 우리 나라 사람들이 국밥을 좋아하는 게 밥을 많이 먹으려 면 목이 메니까 국이랑 함께 먹어서 그런 건가요?

요요

제법 그럴듯한 가설인데? 역사적으로 국밥이 등장한 건 17세기 중반 이후로 보고 있어. 16~17세기 초에 살 았던 윤국형의 수필집 『문소만록』까지만 해도 주막에 선 술과 잠자리만 제공한다고 쓰여 있거든. 그러다 조 선 후기가 되면서 상업이 발전하고 조선 팔도에 물건 팔러 다니는 보부상들이 대거 등장하면서 주막의 주모 들이 조선의 외식문화까지 선도하게 된 거지.

만두

맞아요. 사극 보면 꼭 이 대사 나오잖아요. "주모 여기 뜨끈한 국밥 한 그릇 말아주시오!"

요요

그런데 국밥의 탄생에는 재미있는 비결이 있어. 사실 밥과 국을 따로 차리게 되면, 밥의 온도를 유지하기가 쉽지 않거든. 국이야 끓여서 데우면 되지만, 밥은 갓 지었을 때만 따뜻하고 촉촉할 뿐 그 온도까지 오래 보 존할 방법이 없었으니까. 가마솥으로는 새 밥을 짓는 데 시간도 오래 걸렸고. 고민 끝에 주모들이 생각해 낸 방법이 밥을 뜨끈한 국물에 말아버리는 거였어.

아리

어떤 국밥집에서는 밥을 그냥 국에 마는 게 아니라 토렴을 해서 줬던 거 같아요. 국밥이든 토렴이든 밥을 국에 담가 먹으면 밥알도 부드럽고 국물도 녹진해져서 좋아요. 아, 밥 나왔다!

만두

앗, 뜨거! 여기도 밥그릇이 너무 뜨겁네요. 왜 하필 밥만 이런 뜨거운 쇠그릇에 담아주는 거지?

짠미

그러고 보니 유독 밥만 스테인리스 밥공기에 담아줘요. 백반집에서도, 고깃집에서도, 분식집에서도요. 반찬은 플라스틱이나 도자기 그릇에 담겨 나오는데 밥만 왜 그렇지?

요요

스테인리스 밥공기는 1960년대 이후에 사용하기 시작했어. 그전까지 금속으로 된 그릇의 대표는 유기그릇이라고도 불리는 놋그릇이었지. 놋그릇의 주원료는 구리와 주석이거든? 근데 구리가 워낙 구하기 어려운 광물이라 17세기까지는 부잣집 양반들만 사용할 수 있었어.

4부. 익숙한 물건과 공간에 담긴 뜻밖의 일상사

전주 여행 가서 육회 비빔밥 먹었을 때 써봤어요. 뭔가 고급스러운 느낌도 있고 참기름 색처럼 노르스름하고 따뜻해 보여서 비빔밥이랑 참 잘 어울린다고 생각했거든요.

맞아. 그 놋그릇은 18세기 중반, 영조가 집권한 후 국가가 관리하던 구리 광산 채굴을 민영화하면서 생산량이 늘어 많이 제작됐어. 그래서 19세기로 넘어가면 신분을 막론하고 전 국민이 놋그릇을 사용했지. 하지만 그 전성기도 1940년에 막을 내리게 돼.

저는 그 그릇 좋던데! 무겁고 불편해서 사람들이 안 쓰기 시작한 거예요?

1940년 하면 떠오르는 게 있지? 일제강점기였잖아. 일본이 태평양 전쟁에 쓸 병기를 만들기 위해 전국의 놋그릇을 죄다 쓸어 갔기 때문에 시중에서 사용할 놋그릇이 없었지. 이때 놋그릇의 빈자리를 대체한 것이 바로 양은그릇이야.

조선 팔도로 물건을 팔러 다니는
보부상들이 대거 등장하면서

중간중간 쉴 곳이 필요했고 갑자기
주모들이 외식문화를 선도하게 됩니다.

4부. 익숙한 물건과 공간에 담긴 뜻밖의 일상사

언제나 따뜻한 밥을 제공하기 위해
국물에 말아버리면서

우리의 자랑스러운
국밥이 탄생하게 되었습니다.

아하! 저 양은냄비도 좋아해요. 특히 라면 끓여 먹기 딱 좋잖아요. 열전도율이 좋아서 물도 엄청 빨리 끓고, 값도 싸고요. 그때 양은그릇이 등장했군요.

양은그릇은 알루미늄 금속으로 만든 제품에 부식 방지와 방수 처리를 해서 만든 식기야. 한반도에는 알루미늄의 대표 원료인 명반석이 많이 매장되어 있어서 대량으로, 저렴하게 양은그릇을 만들어낼 수 있었지. 그런데 싸고 가볍고 잘 깨지거나 더러워지지 않는 양은그릇에도 치명적인 단점이 있었어. 바로 양은의 코팅이 벗겨지면 인체에 치명적인 중금속이 나온다는 점이지. 그때, 대안으로 등장한 것이 식당에서 자주 보이는

4부. 익숙한 물건과 공간에 담긴 뜻밖의 일상사

이 스테인리스 그릇이야.

아리

헐, 그럼 스테인리스 그릇은 안전한 거예요?

요요

스테인리스는 철, 크롬, 니켈 등이 포함된 강철 합금이 거든. 중금속이나 유해 물질 등 안전성에서 양은그릇 보다 한 수 위였어. 그리고 1960년대는 연탄을 많이 사 용했는데 놋그릇은 연탄가스에 노출되면 고유의 광택 이나 색이 변했지만, 스테인리스 그릇은 멀쩡했지. 특 유의 맑고 번쩍거리는 광택이 비싼 은식기처럼 보이기 도 해서 사람들이 좋아했다고 해.

만두

근데 스테인리스 그릇이 식당에서 쓰기가 특히 편한가 요? 가정집에서는 잘 안 쓰는데, 이상하게 식당은 어디 를 가더라도 꼭 스테인리스 그릇을 쓰잖아요.

요요

스테인리스 그릇이 식당에 전면 사용되도록 정해졌던 적이 있었거든. 때는 1960년대. 한국전쟁이 끝난 뒤 꽤 오랜 시간이 지났지만, 여전히 가난과 만성적인 쌀 부 족에 시달리던 때였어. 거리 곳곳에는 쌀이 부족하니 까 밀가루를 먹자는 표어가 붙어 있던 시절이었지.

아리

혼분식장려운동 말씀하시는 거죠? 예전에 읽었던 만화책에서 다뤄서 알고 있어요. 음식점에서도 반드시 보리나 잡곡, 면류를 혼합해서 판매해야 했고 따로 '분식의 날'도 있었다죠?

혼분식장려운동

한국인은 오랫동안 쌀을 주식으로 먹었지만, 1970년대까지 '보릿고개'(가을에 추수한 쌀이 떨어지고 보리 수확 전까지 먹을 것이 없는 5~6월의 시기)가 남아 있을 정도로 쌀 생산량이 풍족하지 않았습니다. 그래서 일제강점기부터 해방 직후까지 먹는 쌀의 양을 줄이는 절미운동(節米運動)이 이뤄졌고, 1956년 이후 미국이 밀가루나 옥수수 등의 농산물을 원조한 뒤부터는 혼분식 장려운동이 진행됐습니다. 식당에서 쌀로 만든 음식의 판매가 제한되었고 학생들의 도시락도 단속 대상이 됐습니다. 이 운동은 1980년대 중반이 되어서야 폐지되었습니다.

4부. 익숙한 물건과 공간에 담긴 뜻밖의 일상사

맞아. 그런데 아무리 법으로 강제를 한다고 해도, 우리는 떡볶이나 라면을 다 먹고도 다시 밥을 볶거나 말아 먹는 밥에 미친 민족이잖니? 쌀 소비를 줄이려고 궁리하던 정부 관료들은 당시 대세였던 스테인리스 그릇에 주목했지. '밥그릇 크기를 줄이면 쌀도 덜 먹겠지!'라고 말이야. 1973년 서울시장은 '시범대중식당'이라는 이름으로 몇몇 식당을 선정해 밥을 스테인리스 그릇에 담아 팔게 했는데, 지름 11.5센티미터, 높이 7.5센티미터짜리 밥공기에만 밥을 담아 팔 수 있었어.

밥그릇 크기를 아예 규격화시켰군요. 강아지나 고양이 체중 조절을 할 때 제한급식 시키는 것 같기도 하고…. 이 정책이 효과가 있었나요?

서울시는 1976년에 모든 음식점에서 스테인리스 밥공기에만 밥을 담도록 의무화하는 규정을 요식협회에 지시했어. 밥공기 규격 역시 지름 10.5센티미터, 높이 6센티미터로 더 작아졌고 밥의 양도 5분의 4만큼만 담도록 했지. 이게 효과가 있었어. 규정을 어겼을 때의 처벌이 강력했거든. 1회 위반하면 1개월 영업 금지, 2회 위반하면 영업허가가 취소를 해버렸다고 해. 서울시에서만 시행되던 이 규정이 곧이어 전국에 확대되면서 40년이 지난 지금도 이 밥공기가 관습적으로 쓰이고 있는 거야.

만두

와, 밥 한 그릇에 삼국시대 역사부터 근현대사까지 다 들어 있다니 정말 놀라운데요? 이 국밥 한 그릇도 정말 예사롭지 않네.

요요

어유, 계속 떠드는 사이에 국밥 다 식겠다. 다들 밥그릇 뜨거우니까 손 조심하고 맛있게 먹자!

4부. 익숙한 물건과 공간에 담긴 뜻밖의 일상사

조선 후기 한양 장터에서 인기 있었던 국밥은 주로 소고기 혹은 개고기를 푹 고아서 간장이나 된장으로 간을 한 장국밥이었습니다. 이들 국밥집 중에서는 다른 국밥집보다 가격이 세 배 가까이 비싼데도 손님이 넘쳐나고, 심지어 임금인 헌종도 민정사찰 나간다고 둘러대고 몰래 방문했을 정도로 맛을 인정받은 '무교탕반'도 있었죠.

고기로 우린 뽀얀 국물의 설렁탕은 근대에 들어서 장국밥을 밀어내고 폭발적인 인기를 끈 음식입니다. 설렁탕이 폭발적으로 확산한 데에는 시대적 이유가 있었죠. 일제강점기에 일본이 자국 군대에 보급할 소고기 통조림을 만들기 위해 조선의 소고기 생산을 늘리면서 통조림에는 쓰이지 않는 부속 고기가 남아돌았습니다. 때마침 서울에 인구가 급격하게 몰리면서 먹을 사람도 증가했고, 이 시기에 설렁탕집이 엄청나게 늘어나게 됩니다.

돼지국밥은 한국전쟁 당시 부산으로 모여든 전국 각지의 피란민들이 미군 부대에서 나오는 돼지 뼈를 우려서 국을 끓인 게 원형입니다. 피란민들은 생계를 위해 장사를 시작했고 바쁜 와중에 끼니를 해결하기 위해 돼지국밥에다가 온갖 반찬을 넣어서 먹기 시작했죠. 그렇게 밥 위에 부추, 마늘, 땡초, 양파, 김치 등을 얹어 먹는 돼지국밥이 탄생했습니다.

1부. 무심코 떠오른 질문에서 펼쳐진 시대의 풍경

1. 공주님은 결혼하면 어떻게 살았을까?

박경이, 『국역 덕온공주가례등록』, 국립고궁박물관 고문헌국역총서 제6책, 2017.

지두환, 『조선 왕실 공주 옹주의 생활』, 국립고궁박물관, 2012.

신명호, 「왕녀, 시집가다」, 『문화재사랑』, Vol.113. 2014.04.

정수환, 「왕자와 공주의 살림나기」, 『선잠아카데미 자료집』, 2019.

한희숙, 「공주의 삶」, 『문화재』, Vol.373, 2015.05.

2. 옛날 사람들도 치과 가는 걸 싫어했을까?

제임스 윈브랜트, 『치의학의 이 저린 역사』, 김준혁 옮김, 지식을만드는지식, 2015.

강신익, "고대인의 얼굴과 치아", 《건치 신문》, 2004.07.05., http://www.gunchinews.com/
  news/articleView.html?idxno=225

최주리, "왕의 치아관리와 치통으로 사직하는 신하", 《시장경제》, 2018.03.26., https://
  www.meconomynews.com/news/articleView.html?idxno=12436

3. 부모님 등골 제대로 뽑았던 해외 유학의 역사

설혜심, 『그랜드 투어』, 휴머니스트, 2020.

4. 대기업 안 부러운 조선시대 기술직의 연봉은?

강문종, 김동건, 장유승, 홍현성, 『조선잡사』, 민음사, 2020.

이상각, 『조선 역관 열전』, 서해문집, 2011.

정광, 『조선시대의 외국어 교육』, 김영사, 2014.

허경진, 『조선의 중인들』, 알에이치코리아, 2015.

방병선, 「조선 후기 사기장인 연구」, 『미술사학연구』, 241호, 2004.

최은아, 「조선의 산학교육에 관한 연구」, 한국교원대학교 대학원 교육학과
  교육철학및교육사전공 석사 학위논문, 2012.

5. 전 세계를 파국으로 몰아간 최악의 감염병

이한, 『역병이 창궐하다 2』(전자책), 청아출판사, 2020.

조지무쇼, 『세계사를 바꾼 10가지 감염병』 서수지 옮김, 사람과나무사이, 2021.

2부. 알고 나면 달라 보이는 유명인의 흑역사

6. 위인들의 실제 인성은 어땠을까?

볼프 슈나이더, 『만들어진 승리자들』 박종대 옮김, 을유문화사, 2011.

7. 나치에 '빅엿'을 먹인 위대한 사기꾼

이연식, 『미술품 속 모작과 위작 이야기』 제이앤제이제이, 2016.

최연욱, 『위작의 미술사』 생각정거장, 2017.

8. 취미생활로 10조 넘게 탕진한 재벌이 있다?

김상근, 『사람의 마음을 얻는 법』 21세기북스, 2011.

김성진, 『메디치의 영광』 북향, 2015.

G.F. 영, 『메디치 가문 이야기』 이길상 옮김, 현대지성, 2017.

양정무, "불운한 천재, 레오나르도 다빈치…후원자 잘못 만나 파티 플래너 취급", 《매일경제》,
    2012.11.05., https://www.mk.co.kr/opinion/columnists/view/2012/11/722912/

홍석희, "내가 돈 대준다고 예술가를 가둘 수는 없지", 《오마이뉴스》, 2019.02.14., http://
    www.ohmynews.com/NWS_Web/View/at_pg.aspx?CNTN_CD=A0002511703

9. 조선시대에도 덕후가 살았다?

안대회, 『벽광나치오』 휴머니스트, 2011.

정민, 『18세기 조선 지식인의 발견』 휴머니스트, 2007.

정약전·이청, 『자산어보』 정명현 옮김, 서해문집, 2016.

조숙정, 『정약전의 흑산도 유배기와 자산어보에 대한 재검토』 『도서문화』 Vol.49, 2017.06.

10. 예술가냐 사이코패스냐? 폭군들의 진짜 모습은?

박영규, 『조선 왕 시크릿 파일』 옥당북스, 2018.

유재덕, 『5시간만에 읽는 재미있는 교회사』 작은행복, 2001.

tvN〈벌거벗은 세계사〉 제작팀, 『벌거벗은 세계사: 인물편』 교보문고, 2022.

3부. 정말 이랬어? 두 눈을 의심하게 하는 황당한 문화사

11. 옛날 사람들은 왜 이상한 머리를 했을까?
곽형심, 『미용문화사』, 청구문화사, 2014.
임린, 『한국 여인의 전통 머리모양』, 민속원, 2009.
정흥숙, 『서양복식문화사』, 교문사, 2014.
커트 스텐, 『헤어 HAIR』, 하인해 옮김, MID, 2017.
김선지, "마리 앙투아네트, 너무도 기이했던 헤어스타일", 《한국일보》, 2020.04.02., https://
　　www.hankookilbo.com/News/Read/202004021491056760
서정민, "조선시대 남자의 모자, 종류별로 모아보니⋯이렇게 많구나, 《중앙일보》, 2019.02.16.,
　　https://www.joongang.co.kr/article/23375773#home

12. 귀족들은 왜 매일 밤 무도회를 열었을까?
모리 카오루, 『엠마』, 대원씨아이, 2013.
무라카미 리코, 『영국 사교계 가이드』, 문성호 옮김, AK, 2019.
제인 오스틴, 『오만과 편견』, 전승희·윤지관 옮김, 민음사, 2003.

13. 300년 전 덕후들도 겪은 티켓팅 전쟁
박종호, 『오페라를 묻다』, 시공사, 2007.
이장직, 『오페라 보다가 앙코르 외쳐도 되나요?』, 서울대학교출판문화원, 2012.
황지원, 『오페라 살롱』, 웅진리빙하우스, 2013.

14. 맛있는 음식들의 충격적인 과거
도현신, 『전쟁이 요리한 음식의 역사』, 시대의창, 2017.
윤덕노, 『전쟁사에서 건진 별미들』, 더난출판사, 2016.

15. 알면 정떨어지는 매너와 에티켓의 유래
아리 투루넨·마르쿠스 파르타넨, 『매너의 문화사』, 이지윤 옮김, 지식너머, 2019.

4부. 익숙한 물건과 공간에 담긴 뜻밖의 일상사

16. 로마 제국 사람들도 '로또 대박'을 꿈꿨다?
기획재정부 복권위원회, 『2014 복권백서』, 기획재정부 복권위원회사무처, 2014.
김상훈, 『B급 세계사』, 행복한작업실, 2018.

17. 색깔에 숨겨진 놀라운 비밀
개빈 에번스, 『컬러 인문학』, 강미경 옮김, 김영사, 2018.
널 위한 문화예술 편집부, 『널 위한 문화예술』, 웨일북, 2021.
미셸 파스투로·도미니크 시모네, 『색의 인문학』, 고봉만 옮김, 미술문화, 2020.
이주은, 『스캔들 세계사』, 파피에, 2013.
카시아 세인트 클레어, 『컬러의 말』, 이용재 옮김, 윌북, 2018.
곽수근, "이슬람은 왜 녹색을 좋아할까?", 《조선일보》, 2015.07.21., https://www.chosun.com/
site/data/html_dir/2015/07/21/2015072100151.html

18. 500년 전 '패션피플'은 어떻게 꾸몄을까?
김홍기, 『옷장 속 인문학』, 중앙북스, 2016.
카시아 세인트 클레어, 『총보다 강한 실』, 안진이 옮김, 윌북, 2020.
남보람, "티셔츠(T-Shirt)는 어디서 유래했을까 (하): 속옷에서 작업복으로, 실내복에서 다시
일상 패션으로", 《매경프리미엄》, 2019.06.11., https://www.mk.co.kr/premium/special-
report/view/2019/06/25820/

19. 최첨단 과학 기술의 결정체! 학용품의 역사
김규림, 『아무튼, 문구』, 위고, 2019.
와쿠이 요시유키·와쿠이 사다미, 『문구의 과학』, 최혜리 옮김, 유유, 2017.
요시무라 마리·도요오카 아키히코, 『문구의 자초지종』, 김나정 옮김, 비컷, 2020.

20. 우리는 언제부터 '밥심'의 민족이었을까?
송원섭·JTBC[양식의 양식] 제작팀, 『양식의 양식』, 중앙북스, 2020.
주영하, 『한국인은 왜 이렇게 먹을까?』, 휴머니스트, 2018.
한국음식문화포럼, 『국밥』, 따비, 2019.

교양이 쌓일 만두 하지?

일상의 빈틈을 채워주는 세상의 모든 지식

초판 1쇄 발행 2022년 4월 18일
초판 2쇄 발행 2022년 5월 4일

지은이 팀 교양만두
펴낸이 김선식

경영총괄이사 김은영
책임편집 옥다애 **책임마케터** 박태준
콘텐츠사업4팀장 김대한 **콘텐츠사업4팀** 황정민, 임소연, 옥다애
편집관리팀 조세현, 백설희 **저작권팀** 한승빈, 김재원, 이슬
마케팅본부장 권장규 **마케팅4팀** 박태준, 문서희
미디어홍보본부장 정명찬 **홍보팀** 안지혜, 김은지, 박재연, 이소영, 김민정, 오수미
뉴미디어팀 허지호, 박지수, 임유나, 송희진, 홍수경
재무관리팀 하미선, 윤이경, 김재경, 오지영, 안혜선
인사총무팀 이우철, 김혜진, 황호준 **제작관리팀** 박상민, 최완규, 이지우, 김소영, 김진경
물류관리팀 김형기, 김선진, 한유현, 민주홍, 전태환, 전태연, 양문현
외부스태프 디자인 studio forb

펴낸곳 다산북스 **출판등록** 2005년 12월 23일 제313-2005-00277호
주소 경기도 파주시 회동길 490 다산북스 파주사옥 3층
전화 02-702-1724 **팩스** 02-703-2219 **이메일** dasanbooks@dasanbooks.com
홈페이지 www.dasanbooks.com **블로그** blog.naver.com/dasan_books
종이 (주)한솔피앤에스 **출력** 민언프린텍 **코팅·후가공** 제이오엘앤피 **제본** 국일문화사

ISBN 979-11-306-8980-7 (03900)

다산북스(DASANBOOKS)는 독자 여러분의 책에 관한 아이디어와 원고 투고를 기쁜 마음으로 기다리고 있습니다.
책 출간을 원하는 아이디어가 있으신 분은 다산북스 홈페이지 '투고원고'란으로 간단한 개요와 취지, 연락처 등을 보내주세요.
머뭇거리지 말고 문을 두드리세요.